JN232188

人事と採用のセオリー

成長企業に
共通する組織運営
の原理と原則

The Theory of
Human Resources
&Recruitment

人材研究所 代表
曽和利光

ソシム

はじめに

私は、新卒でリクルートに就職後、ライフネット生命、オープンハウスなどに在籍し、一貫して人事と採用の仕事に従事してきました。いずれの企業も在籍時に（あるいはその後も）大きく成長していますが、その事業分野や企業文化はまったく異なります。

リクルートは学生サークル乗りの企業文化で、主に人事や情報の分野で新規事業を次々に生み出す企業。ライフネット生命は外資系の金融とコンサルを中核人材とする、営業が一人もいないクールで知的な生命保険会社。そして、オープンハウスは気合と根性で大躍進を遂げた、超都心のリーズナブルな住宅を売る不動産会社。

まったく性格の異なる3社で人事と採用を担当した経験から、成長企業は一様に、組織運営の原理と原則に基づいて、人事と採用を行っていることに気付きました。組織のあり方は違っても、その根底にあるロジックは共通なのです。そして、この原理と原則を伝えたいと思い執筆したのが、本書『人事と採用のセオリー』です。

セオリーと言うと、昨今もてはやされている組織論や人事制度を思い浮かべる方が多いかもしれません。実際、多くの企業は、アメーバ組織やティール組織といった成功企業の組織論、成果主義やフリーエージェント制といった人事制度を表面的に導入しようとします。

しかし、そうした組織論や制度をそのまま導入するだけでは決してうまくいきません。すべての会社にとって理想的な組織論や制度など存在しないからです。会社の置かれている状態で最適な組織や制度のあり方は変わってきます。逆に言えば、成功企業は、事業モデルや市場環境、人員構成や企業文化に基づいて、自社にフィットする組織や制度を選んでいるのです。

では、セオリーとは何でしょう。それは、人事や採用の考え方であり、その背景にある心理学と組織論をベースにした人の行動科学です。

リクルートが、東京大学教育学部心理学科の出身者たちの作った会社であることはご存知でしょうか。リクルートのマネジメントスタイルは、創業者である江副浩正の徹底した人間洞察と、合理主義、現実主義に基づいています。彼は、他社に対してリクルートブック（リクナビの原型）というＰＵＳＨ（オーディション）型採用のプラットフォームを提供する一方で、自社の社員は基本的にＰＵＬＬ（スカウト）型で採用しました。人材の質が企業の成長の鍵であることを理解し、自社の採用ブランドでは優秀な人材を獲得できないことを知っていたからです（すでに十分な採用ブランドを構築した現在も手を抜かず、採用ブランドを超える採用をしているのが同社の強みです）。

リクルートはまた、獲得した人材に活躍してもらうため、モチベーション・マネジメントにも積極的に取り組んでいます。すなわち、「人はどんなことをされると嬉しいか、頑張るか」を徹底的に研究して、表彰制度や各種イベントに代表される人事施策として実施しているのです。

また、ライフネット生命では、２００６年の立ち上げ当初から組織の構成員が35人になるまで、すべての人材をリファラル・リクルーティング（紹介による採用）で採っています（当時、リファラル・リクルーティングという言葉はありませんでしたが……）。リファラル・リクルーティングでは、基本的に価値観が近い人が集まりやすく、求心力が高まります。金融、マーケティング、法律、数学など様々な専門人材を抱える同社にとって、多様性のマネジメントは必須であり、価値観のマッチングが極めて重要だったのです（ライフネット生命は１３２億20万円を集めて起業した会社なので、資金がなかったわけではありません）。

ちなみにその後、人数が増えて、会社の求心力が弱まったときに、私が入社しました。当時社長だった出口さんからのオーダーは、「グーグル51％、リクルート49％の組織を作ってくれ」でした。そのため、金融系ベンチャーでは珍しく、早期から新卒採用を開始して組織にライフネットらしさを浸透させ、様々な組織イベントを企画することでインフォーマルネットワークを構築しました。専門家集団でクールかつクレバーな彼らにもこうした手法は有効で、組織へのコミットメントや仲間意識が高まったのです。

上場後に5百億から1千5百億へと売上を伸ばすなど、急成長したオープンハウスは、エネルギッシュでマッチョな営業集団と見られがちです。しかし、同社の強みは別のところにあります。実は同社、不動産業界には珍しく、創業3年目から新卒採用を開始する一方で、「用地仕入→企画建築→営業販売」という業務をそれぞれ別の社員に担当させています。他社では一人が全業務を担うことが多いのに対して、同社が分業制を採った理由は2つあります。まず、スキルの低い新入社員でも仕事ができる仕組みを作ること。そして、社員が独立しないようにすることです。実は不動産業界は、一匹狼的な社員が一人前になると次々独立するため、企業が大きく成長しにくいという特徴を持っています。しかし、同社の社員は全業務を担当した経験がないため、独立が難しいのです。

　同社は、モチベーションの上げ方も合理的です。不動産業界では、給与にインセンティブ制度（出来高制度）を導入するのが一般的であるのに対して、同社は固定給制度を採用しています。高い固定給を設定する一方で、「期待に対して意気に感じる、コミットメントの強いタイプ」を新卒採用することで、お金という外発的動機付けではなく、やる気という内発的動機付けを優先させているのです。採用にも非常に力を入れていて、リクルート同様、トップ営業マンや最年少役員を採用担当に指名し、多額の採用コストを投じています。同社が急成長した背景には、極めてロジカルな組織運営があるのです。

　以上のように、人事と採用とは、組織運営の有効なツールであり、ある意味、その成否が組織の成長を決めると言っても過言ではありません。実際、メルカリ、サイバーエージェントなどの成長企業はいずれも人事と採用に非常に力を入れていています。そしてマスメディアは、こうした企業を「先進的」「リクルートっぽい」などと称します（実際、成長企業の人事部にはリクルート出身者が多く在籍しています）。

しかし、本当にそうでしょうか。私には、先進的と呼ばれる企業の組織や制度がロジカルで原理と原則に則っていて、その他多くの企業が採る組織や制度が非合理で時代とずれているように思えます。そして、人手不足と採用難が激化する中で、今後、非合理な人事と採用では、組織運営はますます厳しくなるでしょう。これまでのように、辞令一枚で有無を言わせない人事異動も、年功を過度に考慮する評価報酬制度も通用しなくなるのです。

現在、多くの日本企業が、人事と採用に関するこれまでの「常識」を一度捨てて、原理と原則に基づく組織運営に切り替える時代を迎えています。そして、その切り替えに成功した企業だけが次の時代にも成長できるのでしょう。本書を通じて、少しでも多くの方がその重要性を理解し、実践していただくことを願ってやみません。

【目次】

はじめに　2

PART I　人事のセオリー　13

1章　そもそも、人事の役割とは何か　14

1・1　人事が担う機能とは　14
1・2　一貫性の軸をどこに置くか　17
1・3　安定・成熟型、変革・新規型に求められる一貫性　19
1・4　なぜ、一貫性の実現は難しいのか　21
1・5　人材ポートフォリオと人材フロー　23
1・6　人材フローが人事に与える影響　28

2章　組織の成長に応じて、人事の考え方は変わる　32

2・1　成長段階で人事方針はどのように変わるのか　32

2・2 組織の成長とマネジメントスタイル 35
2・3 「Step1：背中でマネジメント」の組織 37
2・4 「Step2：行動でマネジメント」の組織 38
2・5 「Step3：結果でマネジメント」の組織 40
2・6 「Step4：計画でマネジメント」の組織 42
2・7 「Step5：文化でマネジメント」の組織 45
2・8 グライナーモデルの問題と限界 48

3章 採用と代謝は一つの流れで考える 50

3・1 なぜ、採用と代謝はセットで考えるべきか 50
3・2 採用を最も重視するべき理由 53
3・3 制度不全が起こる原因は人材にある 55
3・4 代謝はコントロールできるのか 58
3・5 退職率のマネジメント 60

4章 配置によって人を育成する 64

4・1 人は新しい仕事で新しい能力を身に付ける 64
4・2 配置では何を重視するべきか 67
4・3 相性を可視化し、問題を発見する 71
4・4 自由市場人事で最適配置を実現する 73
4・5 「現場での育成」を組織全体で担う 74
4・6 Off-JTでOJTを補完する 77

5章 評価と報酬では納得感を担保する

83
5・1 なぜ、評価・報酬制度の設計は難しいのか 83
5・2 何を評価の対象とするべきか 86
5・3 絶対評価と相対評価 90
5・4 最も一般的な評価制度＝目標管理制度 93
5・5 目標管理制度の導入で注意するべきこと 96
5・6 上司以外も評価する「360度評価」 99
5・7 リアルタイム・フィードバックは有効か 102
5・8 報酬は経営者の意思で決まる 105
5・9 非金銭的報酬の設計 109

5・10 昇給／降給制度を設定する 111
5・11 評価面談での納得感を高める 115

PART II

採用のセオリー 119

6章

採用計画はどのように立てるのか 120

6・1 「要員計画＝採用計画」ではない 120
6・2 求める人物像を設定する 122
6・3 最適な採用チームを作る 124
6・4 求める人物像の必要要件を絞り込む 126
6・5 求める人物像を描写する 128

7章

候補者集団を形成し、選考する 132

7・1 求める人物像候補を集める 132
7・2 ＰＵＬＬ型採用の作業負荷を落とす 136
7・3 ＰＵＳＨ型採用で求められること 138

7・4 選考プロセスを設計する 143
7・5 歩留まりを設定する 144
7・6 ステップとコンテンツを設計する 148

8章 面接の質を向上させる 152
8・1 面接選考のインタビューで何を見るか 152
8・2 候補者のポテンシャルを見抜く 156
8・3 合格率を計画通りに着地させる 160
8・4 アセスメントに共通言語が必要な理由 162
8・5 能力を表すアセスメントワード 164
8・6 性格を表すアセスメントワード 168

9章 優秀層を確保する 172
9・1 候補者に優先順位を付ける 172
9・2 どうすれば、優秀層から順に採用できるか 174
9・3 内定者フォローの時間を確保する 177

9・4　内定者フォローでは心理的事実を聞く　182
9・5　タイプに応じてアプローチを変える　188
9・6　候補者に入社を決断させる　193
9・7　どのように採用競合と対峙するか　196

10章　中途人材や外国人を採用する　201

10・1　新卒採用と中途採用は何が違うのか　201
10・2　エージェントのやる気を高める　204
10・3　エージェントと信頼関係を構築する　208
10・4　ダイレクト・ソーシングを活用する　210
10・5　なぜ、外国人の採用は難しいのか　213

付録2　人事年間スケジュール　xix
付録1　人事関連の法規・制度・用語　i

おわりに

PART

1

人事のセオリー

1章 そもそも、人事の役割とは何か

1・1 人事が担う機能とは

■人事の機能は「採用」「育成」「配置」「評価」「報酬」「代謝」の6つ

人事の機能は一般に、「採用」「育成」「配置」「評価」「報酬」「代謝」の6つに分けられます。このうち、企業外部に必要な人材を求めて社内に採り入れる採用と、企業内部の人材を業務で必要な特性を持つ人材に変える育成は、まとめて「調達」と呼ばれることもあります。また、「適材適所」を実現する配置には、人材を動かすことだけでなく、マッチングする相手側の「組織構造（事業部制、機能別組織、階層など）」や「業務分担（業務プロセスの切り分けなど）」を変えることも含まれます。

報酬は基本的に、企業全体の「利益≒金銭的価値」の配分を指しますが、肩書きや称号といった「非金銭的」「認知的」な価値の配分も担っています。そして、組織の新陳代謝を指す代謝は、定年退職やリストラだけでなく、転職などによる退出をコントロールしています。

■人事の一貫性を担保するには仕組みが必要

人事がこれら6つの機能を担う上で重要になるのが、「人事の一貫性」です。人事に一貫性がないと、各機能がバラバラに最適化してしまい、全体として効果を打ち消し合って、パフォーマンスが上がらないからです。

現在、多くの企業では、人事部が機能別の縦割組織になっているため、人事に一貫性がありません。一番わかりやすい例が、採用と育成です。業務内容がまったく異なるこの二つの担当部署は、多くの企業で分かれているためにしばしば対立しています。採った人材が入社後に成果を上げられないことに対して、採用担当者は「育成担当がきちんと面倒を見ていない」と考え、育成担当者は「採用担当が良い人材を採っていない」と考えるからです。

そうならないためには、すべての人事責任者、

[採用]	企業外部に必要な人材を求めて、社内に採り入れる活動
[育成]	企業内部の人材を業務で必要な特性を持つ人材に変化させる活動
[配置]	企業内部の人材を、社内の業務やポジションとマッチングする活動
[評価]	ミッションや目標、行動、成果の達成度に基づき人材価値を評定する活動
[報酬]	一定期間の評価に基づき、人材に配分する価値（≒利益）を決める活動
[代謝]	[採用]とは逆に、内部にいる人材に外部に退出してもらう活動

図1－1｜人事の6つの機能

担当者が人事の一貫性をしっかりと念頭に置く必要があります。その上で、人事担当者間のローテーションや兼務を増やしたり、情報共有の場面を増やしたりすることで、一貫性を担保できる仕組みを導入するのです。

一貫性のない例①

人事方針：採用ではポテンシャル重視で中途よりも新卒の比率を高く設定しているにも関わらず、育成にパワーやコストをかけず、自力で這い上がってきた者だけを選抜して救い上げる

矛盾点：採用した原石を磨くために一定のコストをかけて育成しなければ、ポテンシャル採用の効果を活かせない。そうできないのであれば、即戦力採用の方が一貫性はある

一貫性のない例②

人事方針：採用ではスキルよりもパーソナリティを重視しながら、配置ではスキルのみでマッチングしている

矛盾点：スキル最適よりも、パーソナリティ最適でチームを構成した方が成果は上がる。実際、スキルよりも、性格や相性を重視した組み合わせの方が成果は上がるという研究もある

一貫性のない例③

人事方針：採用では大器晩成型の人材を多く採っているのに、評価・報酬では短期の成果で判断して、長期間に渡る継続的貢献度などが考慮されない

矛盾点：初期に成果の上がらない人材が、評価・報酬の低さでモチベーションを低下させ、退社する。一方で、ハイクラス人材も短期的な成果が見えにくく、同様にモチベーションを下げる

図1－2｜人事に一貫性のない例

1・2 一貫性の軸をどこに置くか

■軸は「事業」に置くのが理想

では、どこに一貫性の「軸」を置けばいいでしょう。

理想は、もちろん「事業」です。「組織は戦略に従う」の言葉通り、事業戦略が最もうまく遂行できるように一貫性の軸を置くのです。

例えば、市場が成長しているときには、商品ラインごとの営業組織を構築し、個々の業務を極力シンプルにすることで、営業効率を最大化し、市場シェアの確保に努めます。そして市場の成長が鈍化してきたら、商品を横断的に扱う営業組織に変更して、顧客のどのようなニーズにもワンストップで対応できるようにして、ニーズの取りこぼしを最小化します。取り組みが成功しているかは別にして、多くの企業が「企業内カンパニー制」を導入したり、顧客の「ワンストップ窓口」を導入したりするのは、こうした取り組みの一環と言えるでしょう。

採用においても同様です。市場拡大期には新卒採用を重視して、素直でフットワークの軽い人材を大量に採用し、市場成熟期には変化に対応するため中途採用重視で自社にないスキルや経験を持つ即戦力を獲得するなど、事業の状況に応じて、採用戦略を変化させる必要があります。

図1－3に、人事の一貫性の軸を決める上で考慮するべきポイントを、企業のタイプごとに示しました。ここでは、企業のタイプを「安定・成熟事業型」と「変革・新規事業型」の2つに分けています。

安定・成熟事業型		変革・新規事業型
●事業の勝ちパターンが決まっている ●顧客ニーズ重視（マーケットイン） ●改善、調和、効率が重要価値観 ●ポテンシャル人材を採用して育成 ●社内スキル教育 / ゼネラリスト ●チームプレイ / トップダウン文化 ●報酬は社内価値で決定 ●運命共同体 / 一体感重視	一貫性 ↓	●事業の勝ちパターンを模索中 ●新価値創造（プロダクトアウト） ●変革、競争、新規が重要価値観 ●即戦力人材をオンデマンドで採用 ●汎用スキル教育 / スペシャリスト ●個人プレイ / ボトムアップ文化 ●報酬は市場価値で決定 ●契約関係 / 自立性重視

図1－3｜安定・成熟事業型と変革・新規事業型で考慮するべきポイント

安定・成熟事業型は、ある程度「勝ちパターン」が決まっている企業を指します。一方、変革・新規事業型はこれまでの事業戦略が陳腐化するなど、新しい事業を生み出し、変革していかねばならない企業です。

一貫性の軸を考える上では、いずれかに分類するとわかりやすいようです。自分の会社がどちらに当てはまるかを考えた上で、「採用」「育成」「配置」「評価」「報酬」「代謝」の方針を立てる必要があります。詳しくは次項で見ていきましょう。

1・3 安定・成熟型、変革・新規型に求められる一貫性

■安定・成熟型における人事の一貫性

勝ちパターンが決まっている安定・成熟型は、会社の様々な方針を大きく変える必要はあまりありません。むしろ今のやり方をより早く、安く、効率的に実施するにはどうすればよいかという「改善型」の行動が求められます。また、必要な能力も学ぶべきことも決まっているため、的を絞った育成が可能です。

商品やサービスを開発する方法も、既存ユーザーの意見を聞きながら調整するマーケットイン的な手法が適しています。向かうべき方向は決まっているので、メンバーが同じ方向を向いて力を合わせる仕事のやり方が効果的なのです。経験がものを言うため、多くの場合、若手の意見を吸い上げるよりも、トップダウンで組織を動かす方が効率的でしょう。人事評価も、定量的な目標を設定しやすいので、比較的明快です。長期で人を雇用して自社内で育成するのが合理的なので、終身雇用型の企業が多く、運命共同体的な価値観や企業風土が合っています。

■変革・新規型における人事の一貫性

変革・新規事業型は、勝ちパターンの見えない中で事業を行っています。当然、業務のスタイルで求められるのは、同じ方向性でよりよいやり方を探求する「改善」ではなく、ゼロベースでモノを考えて抜本的な方針転換も考慮する「改革型」の行動です。何をやるかがわからなければ、事前

に必要な能力を絞り込めません。そのため、何にでも役立つ「ポータブルスキル＝語学やＰＣスキルやＭＢＡ的なビジネス知識など」の育成に力を入れます。

これまでにない商品やサービスを開発する上で、既存ユーザーに話を聞いても意味はありません。フォードが「馬車の時代に、顧客にどんなものがほしいか聞けば『もっと早い馬車』と答えただろう」と言ったのと同様です。自ら新しいものをプロダクトアウトする（創り出す）しかないのです。

組織運営も、協調性を重視し過ぎて個々人の個性を殺すのはＮＧです。自律的で自由なマネジメントスタイルが適しています。業務知識も陳腐化しやすく、長く携わってきた人よりもむしろ最前線で働いている人からのボトムアップなアイデアが望まれます。

人事評価は、事前に定量的な目標を設定しづらいため、結果主義的になります。また長期的な育成よりも、ジャストインタイムで即戦力を採用する方が合理的です。そのため、ドライな契約関係で成り立つ組織文化が適しているでしょう。

このように、企業のタイプ、価値観や企業風土に応じて、人事の一貫性の軸を決めていく必要があるのです。

1・4　なぜ一貫性の実現は難しいのか

■激しく変化する企業の事業環境

人事の一貫性は重要ですが、その実現は容易ではありません。

その一つの原因が、近年の事業環境、すなわち経済状況などのマクロ環境、競合企業や消費動向などのミクロ環境の激しい変化です。これは、しばしば「Volatility＝変動」「Uncertainty＝不確実」「Complexity＝複雑」「Ambiguity＝曖昧」の頭文字をつなぎ合わせた「VUCA」という言葉で表現されます。現在の事業環境はきわめてVUCAであり、当たり前のように急激に変化するのです。

事業環境が変われば、求められる事業戦略も変わります。そして、事業戦略に合わせて組織のあり方も変化させなくてはなりません。

しかし難しいのは、組織には「慣性」が存在

Volatility（変動）	Uncertainty（不確実）
ビジネスモデルの急激な変化、個人の趣味・趣向の多様化、市場の細分化など	政治、経済、市場のグローバル化、大規模な自然災害や気候の変化、EU離脱を始めとする経済環境の変化など
Complexity（複雑）	**Ambiguity（曖昧）**
多種多様な革新的なイノベーション、企業の異業種への進出、業務範囲の広範化と複雑化など	過去の成功事例が通用しなくなってきている現状、先が見通せないまま投資しなくてはならない状況

図1－4｜VUCA——企業取り囲む状況が予測困難である要因

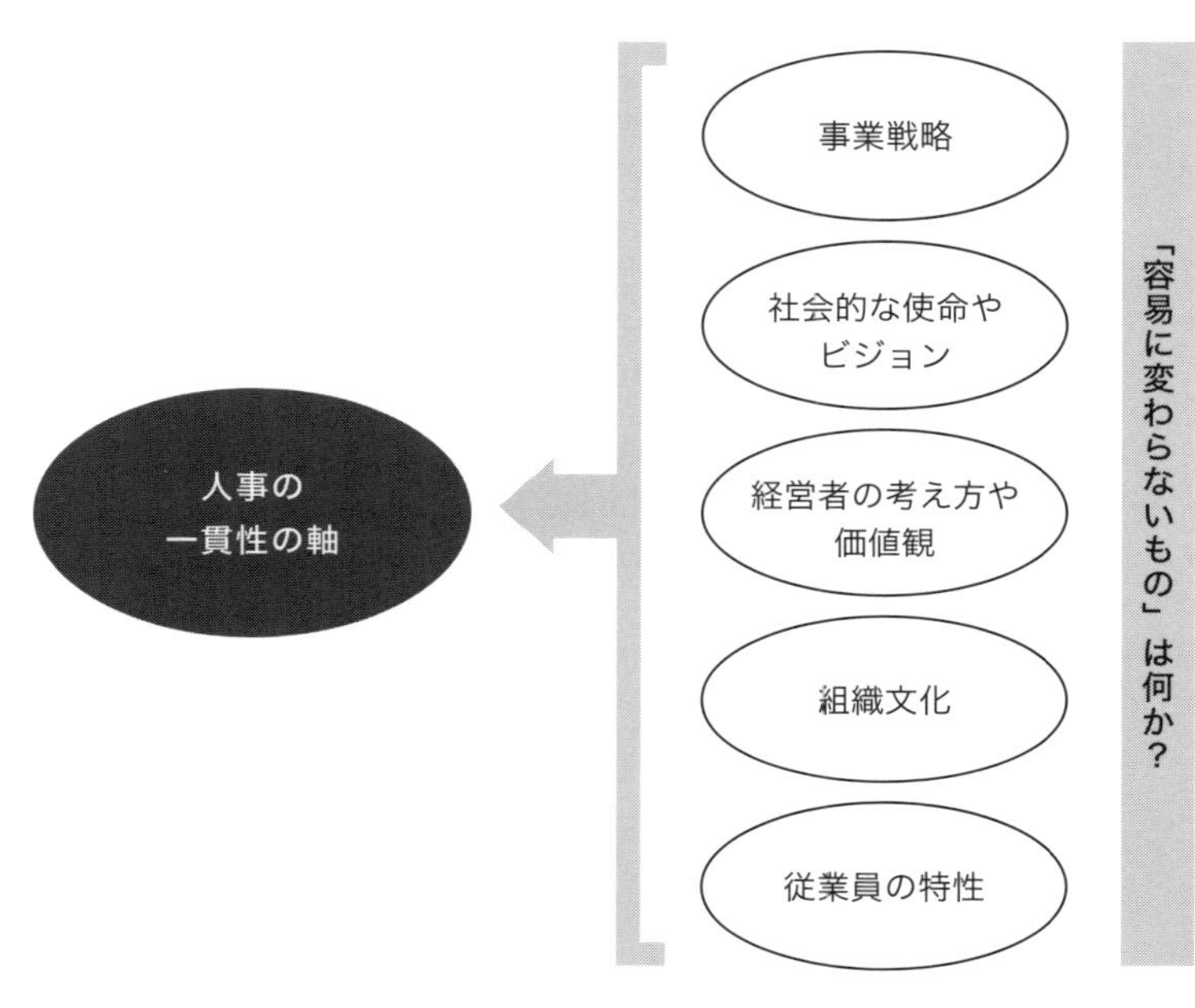

図1－5｜人材の一貫性の軸

するため、変化が容易ではないことです。例えば、事業環境の変化により求められる人材像が変わっても、組織の構成員を総入れ替えするわけにはいきません。また事業戦略に合わせた組織を構築している最中で、当の事業戦略が変われば、人事の一貫性を保つことが難しくなります。

■一貫性の軸＝容易に変わらないもの

では、一貫性の軸をどこに置くべきでしょう。一概には言えませんが、私は、自社の「容易に変わらないもの」を軸にすることを勧めています。ある会社では、カリスマ経営トップの価値観や考え方かもしれません。あるいは、価値観や企業風土や事業モデルなども考えられます。こうした変わらないものに合わせて人事の方針を立てて、その一貫性を損なわないように事業戦略に合わせるのです。

逆に言えば、人事方針を立てるにあたっては、「容易に変わらないものは何か？」を徹底的に考える必要があります。それを認識することで、はじめて人事の一貫性を継続的に実現でき、最終的には強い組織を構築できるのです。

1・5　人材ポートフォリオと人材フロー

■人材ポートフォリオ＝組織に必要となる人のタイプ・レベルと構成比

「ポートフォリオ」の語源はイタリア語の「Portafoglio：お札を入れる財布」ですが、現在、様々な業界において様々な意味で使われています。例えば、デザイナーやイラストレーターは「自分が制作してきた作品集」の意味で使い、投資家は「保有している金融商品の構成」の意味で使っています。

人事の分野におけるポートフォリオとは、「組織に必要となる人のタイプ・レベルとその構成比」を意味します。つまり、組織を構成する人材についての方針です。人事担当者は通常、会社の状況やステージ、企業風土や事業モデルなどに応じて、必要な人材を検討し、「人材ポートフォリオ」を決めます。

人材ポートフォリオを決める軸は「事業」でも「職種」でも「階層」でも、人材の特質を左右す

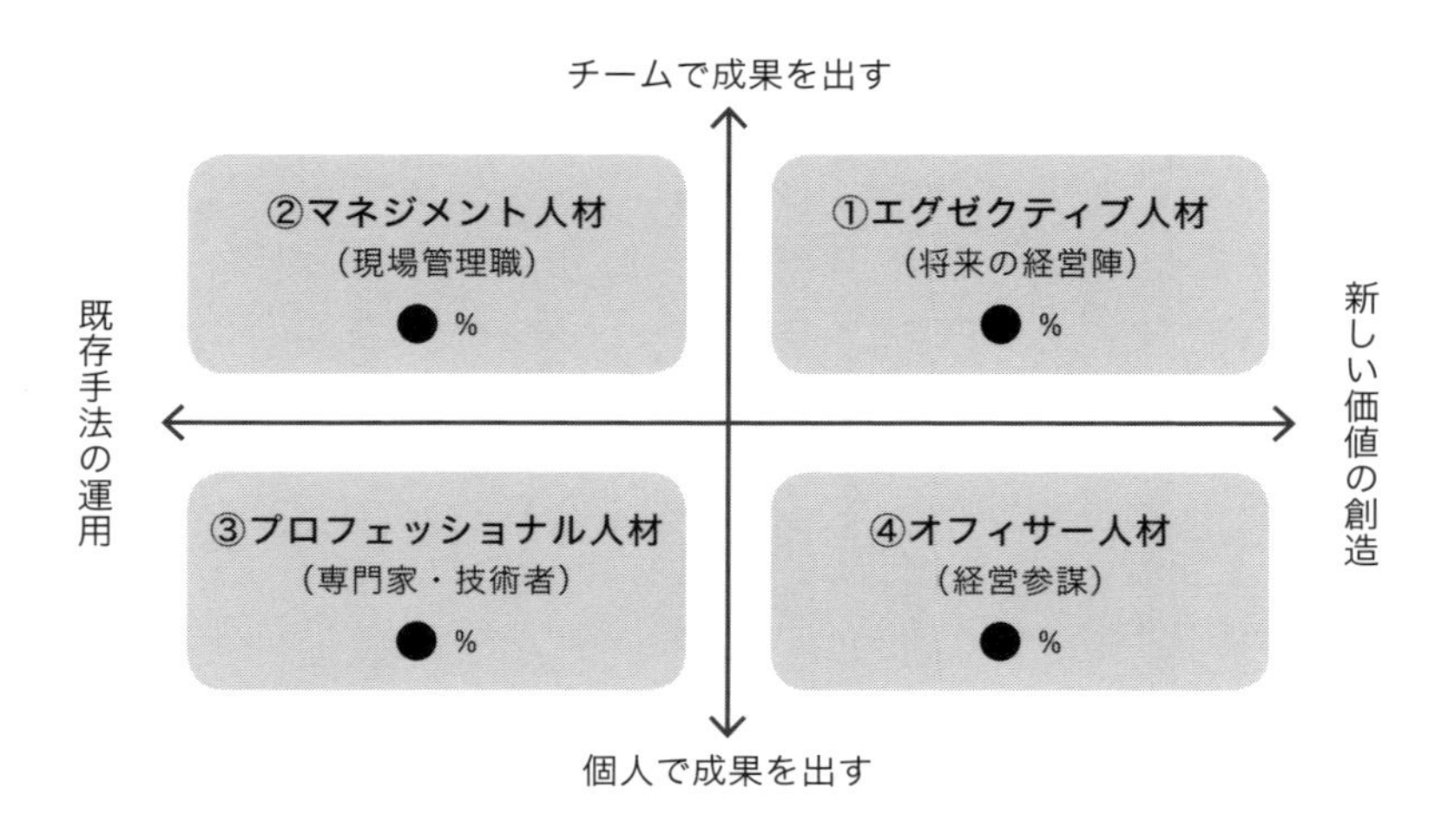

図1－6｜人材ポートフォリオのイメージ図

る軸であれば何でも構いません。ただし、上記の「チーム⇕個人」「新しい価値⇕既存の手法」という2つのセグメント軸はかなり普遍性が高いようです。個人プレイがほぼない会社であれば、「チーム⇕個人」の代わりに「短期⇕長期」や「コミュニケーション⇕論理的思考」など、オリジナルなセグメント軸を作成してもいいでしょう。人材ポートフォリオの軸を何にするかは、人事の一貫性を実現する上で極めて重要です。

■人材フロー＝人材ポートフォリオの実現方針

自社に合った人材ポートフォリオを作成し、セグメントごとの理想とする構成比を決めたら、次に自社内に各セグメントの人材がどのくらい在籍しているかを概算します。「現実」と「理想」とのギャップを把握した上で、それを埋める施策を練るのです。

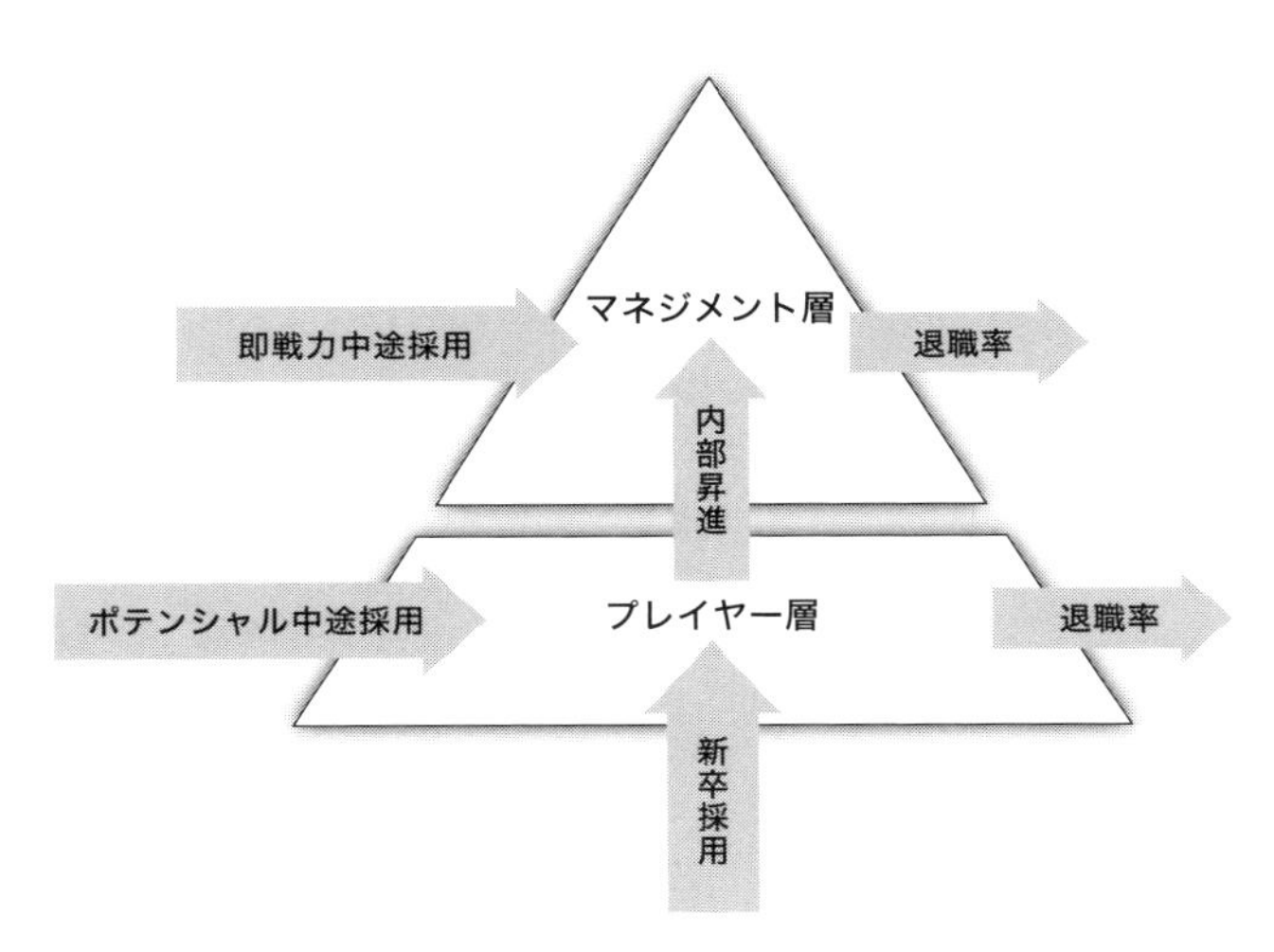

図1－7｜人材フローのイメージ

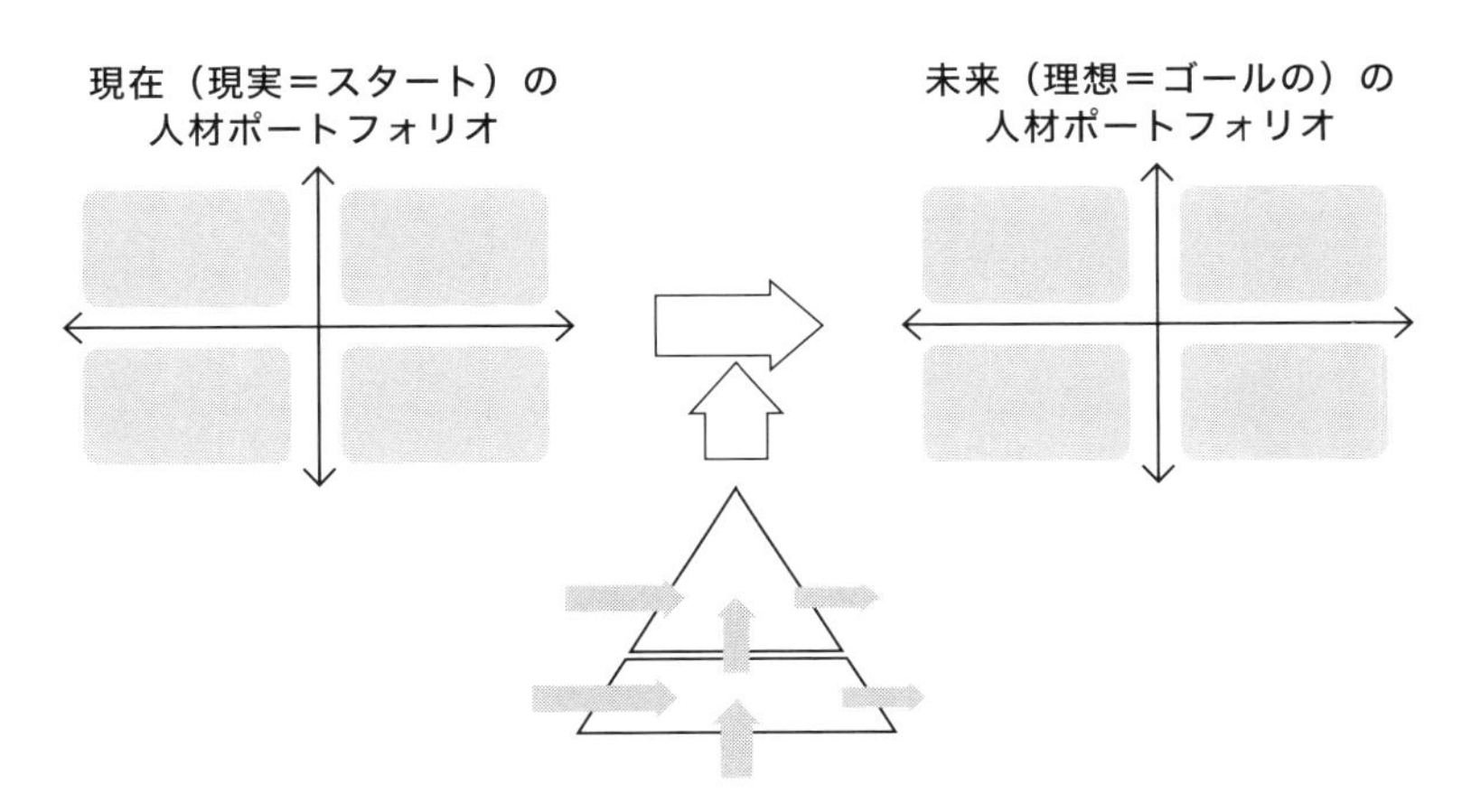

図1－8｜人材ポートフォリオと人材フローの関係

●採用比率（新卒、中途など）

新卒や第二新卒等のポテンシャル採用か、中途採用等の即戦力採用か、社員と非正規社員の割合をどうするか

●外部流動性（求心力 or 遠心力など）

「Up or Out」的な高い外部流動性を良しとするか、「永続勤務表彰文化」的な長く組織に所属し続けるような低い外部流動性を良しとするか

●内部流動性（キャリアチェンジの可否など）

キャリアコースを縦割りにして同一組織や職種内での異動や昇進などを行うか、組織間をまたぐ横の異動も行うか、昇格率はどうするか

図1−9｜人材フローの検討で決める主な要素

この理想と現実を埋める施策が「人材フロー＝組織における人の流れ」です。人材フローでは、新しい人をどのチャネルからどのくらい入れ（採用）、どのように組織内で動かし（配置）、どのようにどのくらい出すか（代謝）を決めます。

■人材フローによって決まる採用と代謝

人材フローの検討にあたっては、「採用比率」「外部流動性」「内部流動性」の考え方を決めることになります。そのためには、自社の採用力や育成力、求人の逼迫度、階層ごとに求められるスキルや能力の連続性、スキル獲得に必要な年数、求める人物像の変化スピード、自社の求心力（退職率など）、職種間のスキルや能力の転用可能性などを考慮する必要があります。

その上で、人材フロー戦略を決めます。具体的には、新卒採用率、中途採用率などの目標値

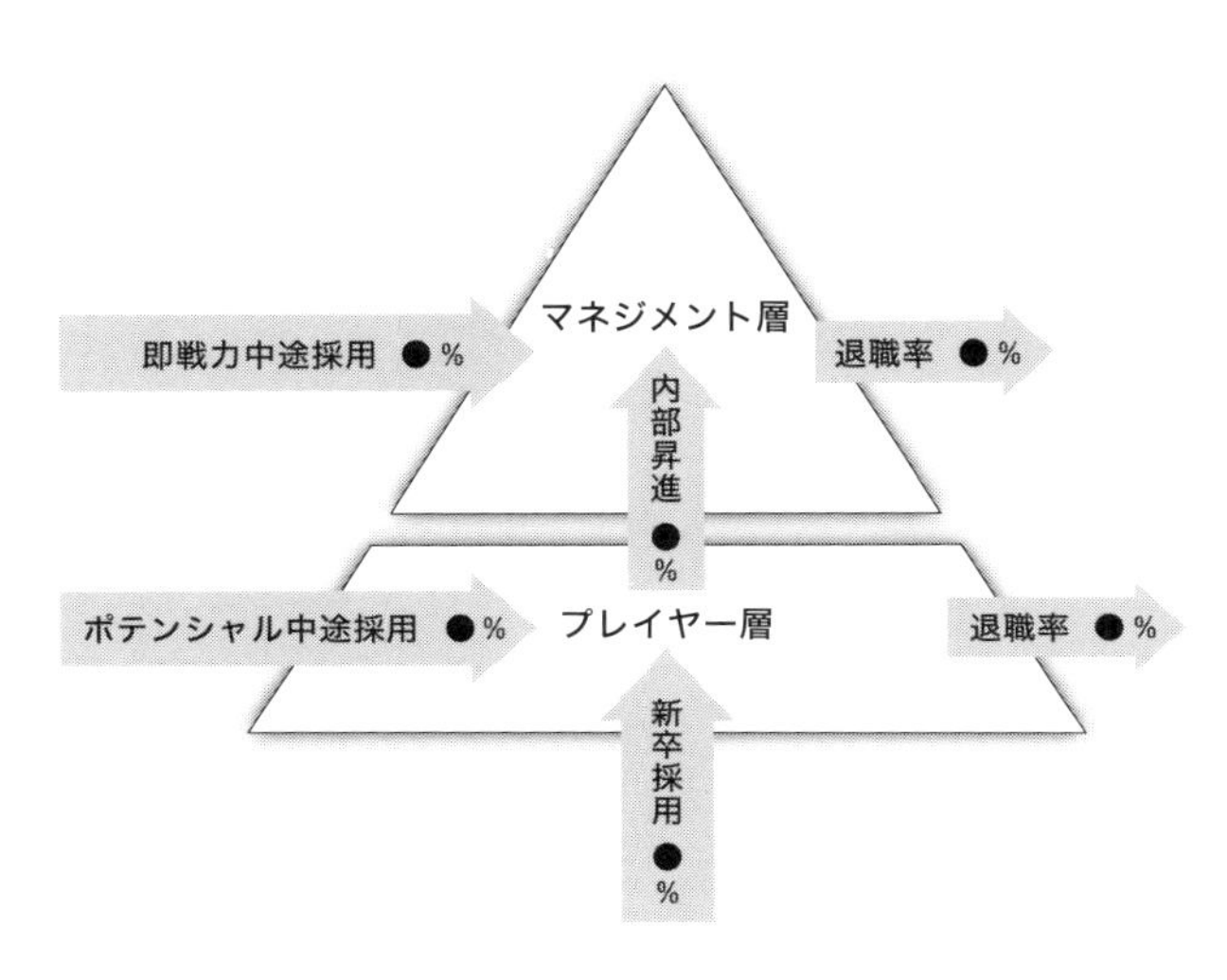

図1－10｜人材フローの考え方

を設定します。すると、具体的な採用の目標数、求める人物像、採用対象者の動機付け（会社との心理的契約）などが、半ば「自動的」に決まってくるのです。

人材ポートフォリオと人材フローの2つを決めたら、それらに基づいて、採用、育成、評価、報酬、配置、代謝の方針を立てます。

採用であれば、「どのような人をどのくらい採るのか＝採用ポートフォリオ」「キャリアや仕事のイメージをどのように期待させるか＝採用メッセージ」「どんなつもりで入社してもらうか＝候補者のフォロートーク」を決めるわけです。

これにより、人事の一貫性が担保されます。逆に言えば、人材ポートフォリオと人材フローとは、人事の一貫性を実現する手段であり、人事と採用のコアなのです。

1・6 人材フローが人事に与える影響

■人材フローで変わる採用スタイル

ここで人材フローが人事の方針に与える影響を、具体例をあげながら説明しましょう。図1－11に2種類の典型的な人材フローを示しました。左側は日系大手企業に多い「新卒一括採用重視型」、右側は欧米企業やベンチャー企業などに多い「即戦力採用重視型」です。なお、近年の欧米企業の人材フローは、一概に即戦力採用重視型とは言えませんが、ここではわかりやすさのため、このように設定しています。

新卒一括採用重視型では基本的に、人員の大半を新卒などの若いポテンシャル人材で一括採用し、彼らを育成しながら徐々に選抜し、最終的に幹部層までプロモーション（昇進）します。中途採用はあまりせず、新卒プロパー社員が組織運営の主要メンバーとなります。

一方、即戦力採用重視型では、新卒でポテンシャル

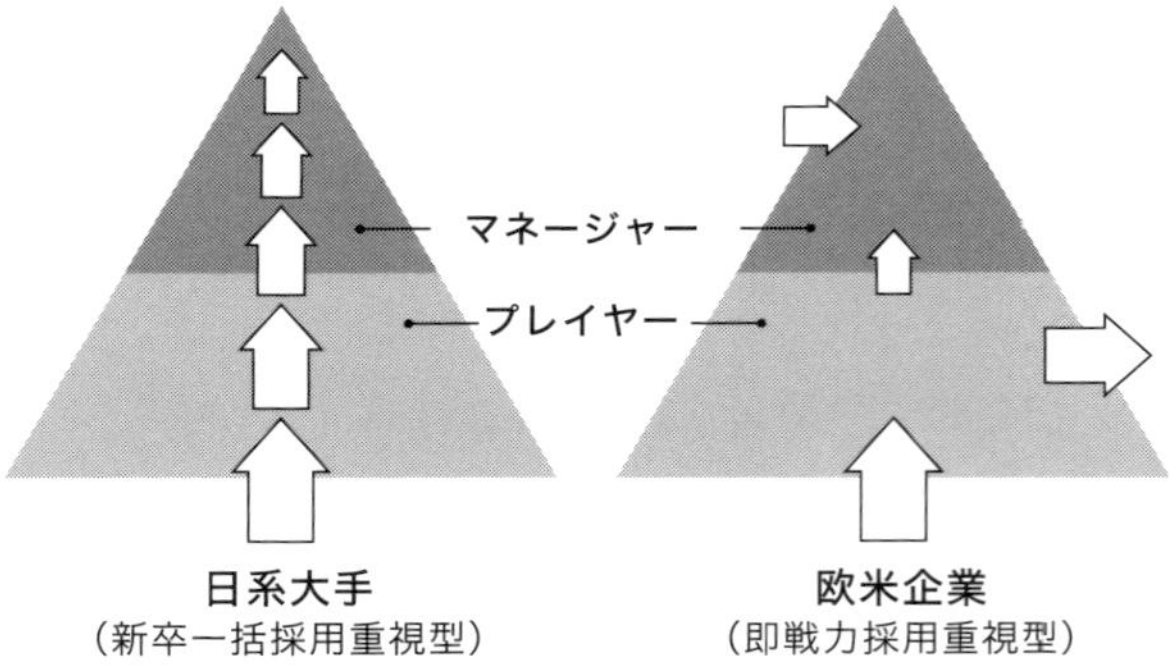

図1－11｜新卒一括採用重視型と即戦力採用重視型の人材フロー

①若手人材の報酬の上昇カーブは ……A）徐々に伸びる
B）徐々に落ち着く
②採用する新卒学生に求める要素は …A）多くない
B）多い
③人事異動の頻度は ……………………A）多い
B）少ない
④若手の育成方針は ……………………A）自社業務に特化した育成
B）ポータブルスキルも教える育成

＊ポータブルスキル：持ち運び可能な、自社だけでなく色々なところで通用する語学やMBA的なビジネス知識などの普遍的なスキル

図1－12｜即戦力採用重視型の実現方法

人材も採用しますが、長期に渡って育成し、将来、幹部にすることは想定していません。新卒は一時的なオペレーショナル業務に従事する人材として扱われます。そのため、多くが比較的短期間で退出（退職）すると想定されているのです。幹部人材は、外部から中途採用でプロフェッショナルを採用します。

■即戦力採用重視型の実現

ここで、即戦力採用重視型を実現手段として、図1－12のどちらの選択肢が適しているかを考えてみましょう。

まず、**①の答えはBの「徐々に落ち着く」**です。

もし、図1－13のAのように徐々に報酬が上がる報酬制度を採っていると、在籍期間が長いほど報酬が上がるため、多くの人が長期に渡って在籍するはずです。ところが、即戦力採用重視型の人材フローでは「若手にはしばらく活躍してもらったら、退出してもらいたい」ので、人事の方針と合致しません。図1－13のB

報酬額
時間
A
B

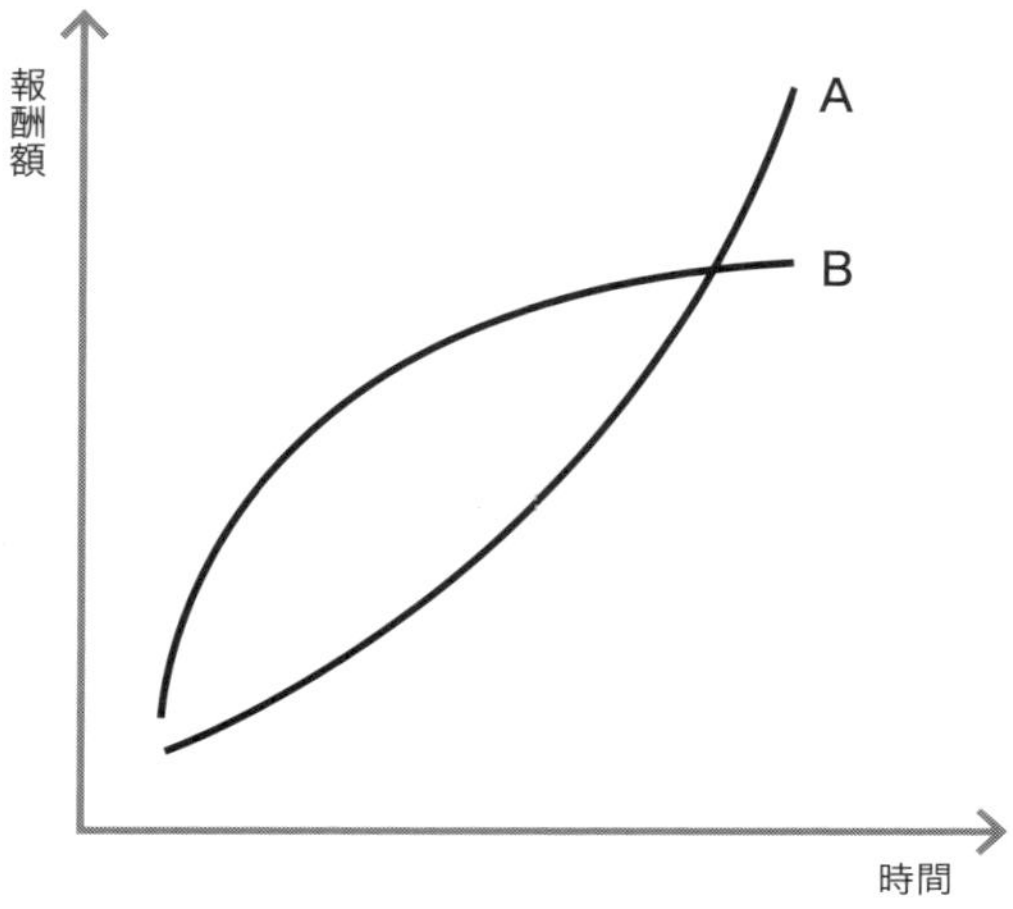

図1－13｜人材フローに合った報酬の増減

のように報酬が頭打ちになれば、高い報酬を目指して社員が外部に流出するので、こちらの方が合っているのです。

次に、**②の答えはAの「多くない」**です。

新卒一括採用重視型の場合、新卒で採用する学生は、入社後すぐにやってもらうオペレーショナルな仕事の適性と、将来幹部になったときに必要なリーダーシップや創造性、論理的思考能力の両方を兼ね備えていなければなりません（少なくともその素養は必要です）。

しかし、即戦力採用重視型の場合、新卒で採用した人はオペレーショナルな仕事だけこなせればいいので、求める要素はそれほど多くありません。

③の答えは、Bの「少ない」です。

一般に、人事の世界では「内部流動性（異動）と外部流動性（転職）はトレードオフ」と言われています。人は、異動して仕事環境や業務内容が変わると、気分一新また頑張ろうと思います。しかし同じ仕事をずっとやっていると、仕事のスキルや業務生産性は上がるものの、成長は鈍化します。すると、外部に成長できるところを求めて転職するのです。

つまり「内部流動性＝異動の頻度」を高めれば、「外部流動性は減る＝社内に定着する」わけです。逆に、異動させなければ、「外部流動性は高まる＝転職する」ことになります。即戦力採用重視型は、若手人材の異動を減らすことで、彼らの目を徐々に外に向けさせ、自然な転職を促すのです。

最後の④**はどちらも間違いで、AとBの組み合わせが正解**です（ある意味、ひっかけ問題です）。即戦力採用重視型の企業は通常、まずはAの「自社の業務に特化した育成」を実施し、一定期間の後にBの「ポータブルスキルも教える育成」を行います。

将来の幹部候補でなければ、MBA的な教育や語学力を身に付けてもらう必要はありません。今やっている仕事がきちんとできれば十分なので、まずは現在の業務に特化した育成を実施します。ところが、自社の業務だけしかできないと、今度は退出してもらいたくても、外で通用しません。そのため、徐々に外でも通用するポータブルスキルも教えるわけです。

以上のように、人材フローが変われば、人事の考え方も変わってきます。逆に言えば、人材フローを意識することなく、「採用」「育成」「配置」「評価」「報酬」「代謝」の方針を立てれば、人事の一貫性は失われてしまいます。すべての人事担当者は、自社の人材フローをきちんと認識した上で、業務にあたる必要があるのです。

2章 組織の成長に応じて、人事の考え方は変わる

2・1 成長段階で人事方針はどのように変わるのか

■人の認知限界

企業が成長することで、売上だけでなく、組織の構成員が増えます。そして人数の増加に伴って、企業は人事の方針を変えることが求められます。その理由は、人の「認知限界」に由来します。認知限界とは、人の認知能力や情報処理能力の限界です。ノーベル経済学賞を受賞したハーバート・サイモンはこのように言っています。

人間はこの認知限界ゆえに、世界の複雑性を縮減する必要がある。そのための社会的装置が『組

織』である。
組織という階層構造を形成することで、意思決定の複雑さをいくつかのサブアセンブリに分解(≒モジュール化)することができる。それによって、個々人では実現できない高度な意思決定を行う。

立ち上げたばかりの会社では、社長が何でも自らの目で見て、判断します。しかし、会社が成長して社員が増えていくにつれて、社長も誰が何をやっているのかわからなくなります。それを解決するのが「組織」なのです。

では、組織におけるマネジメントの認知限界とは何人でしょうか。

世の中には様々な研究がありますが、イギリスの経営学者アーウィックによれば、一般的な事務職では1人の上司が直接管理できる人数は5~7人程度と言われています。これは、短期記憶が可能な範囲として知られる、マジカルナンバー「7±2」と似ています(電話番号が区切られている理由です)。最も合理的なチームである軍隊の最小単位もおおよそ、その人数です。他の様々な研究でも、5~7名が最も効率的なチームであると結論付けています。つまり、一般的な人がマネジメントできる人数は6人前後と言ってよいでしょう。

■階層化は、マネジメントの質を変化させる

組織の人数が６人を超えたら、１人の管理者ではマネジメントできないため、もう１人別の管理者を置いて、チームを分けなければなりません。そしてチームを分ければ、分けたチームの管理者の上に、別の管理者を置く必要があります。つまり、組織の人数が認知限界を超えると、組織が「階層化」するわけです。

階層化には多かれ少なかれ、「権限移譲」が伴います。１人で管理できなければ、誰かに業務の一部を任せなくてはなりません。しかし、任せると言っても、何でも自由にさせるわけにもいきません。何らかのルールを作って「方向付け」する必要があります。権限範囲や実行の方針、報告の基準など、「制度」に伴うルールです。

なおベンチャーのなかには、人数も少ないのに会社の体をなそうとして、むやみにかっちりとした人事制度を作ろうとするところがありますが、これはお勧めしません。近い将来、株式公開するのであれば別ですが、そうでなければ、認知限界を超えるまではむやみに制度など作る必要はありません。社長が自ら全体を見て、考え、判断すればいいでしょう。ベンチャー企業には、社長を超える能力を持った、事業を任せられる人などいないからです。

2・2 組織の成長とマネジメントスタイル

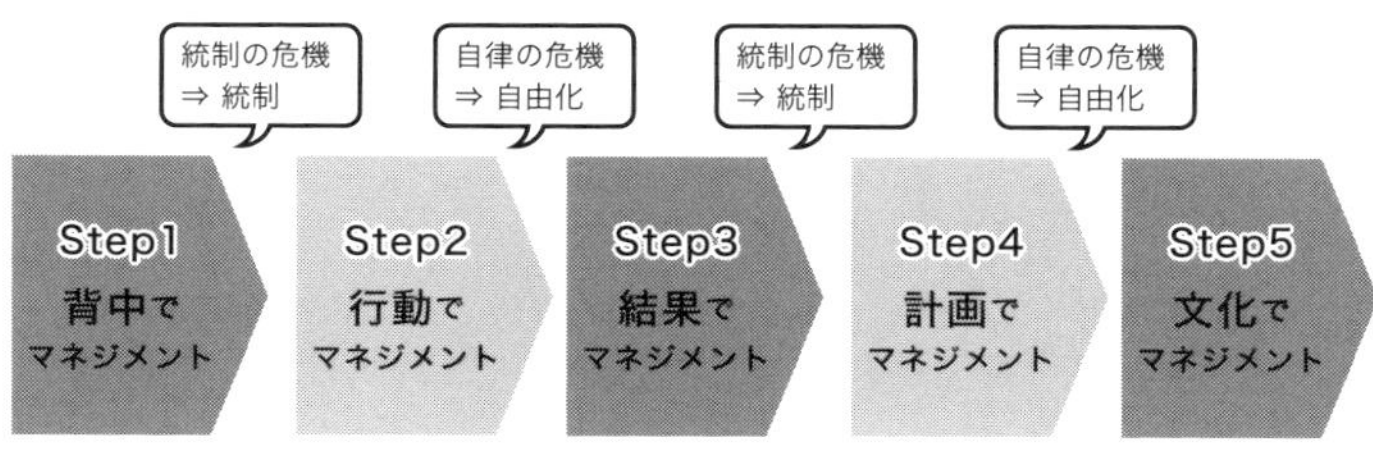

図2－1｜組織成長の5段階

■企業は、5つの段階を経て成長する

経営学者グライナーが提唱する「組織ライフサイクル」によれば、組織の成長段階は5つに分けられます。グライナーモデルを解釈して、組織の成長段階をまとめたのが、図2－1です（私の独自解釈で意訳しています）。図だけでは組織の規模感が把握しにくいので、各組織の規模を理論値で示しましょう。

まずStep1です。すでに述べた「認知限界」を仮に6人であるとすれば、「Step1：背中でマネジメント」は7人以下の組織です。

組織の構成員が7人を超えると、「Step2：行動でマネジメント」の段階に移ります。この段階に置かれた組織の限界人数は、部下が6の2乗で36人、トップと中間管理職を合わせると43人となります。この段階では、人事のルールに基づいて組織を管理することがほとんどです。

以下、最も下層の組織構成員の人数は、理論上、図2－4の通りとなります。これにより、おおよその組織の規模感はつかめるかと思います。次項以降で、Step1～5の特徴とその限界を考えていきましょう。

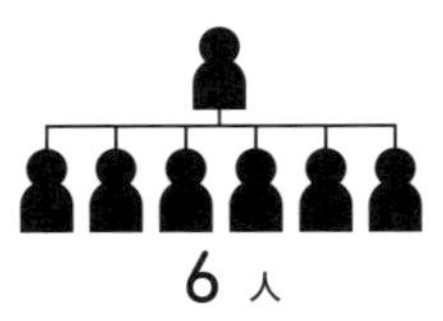

図2－2｜「Step1：背中でマネジメント」の規模感

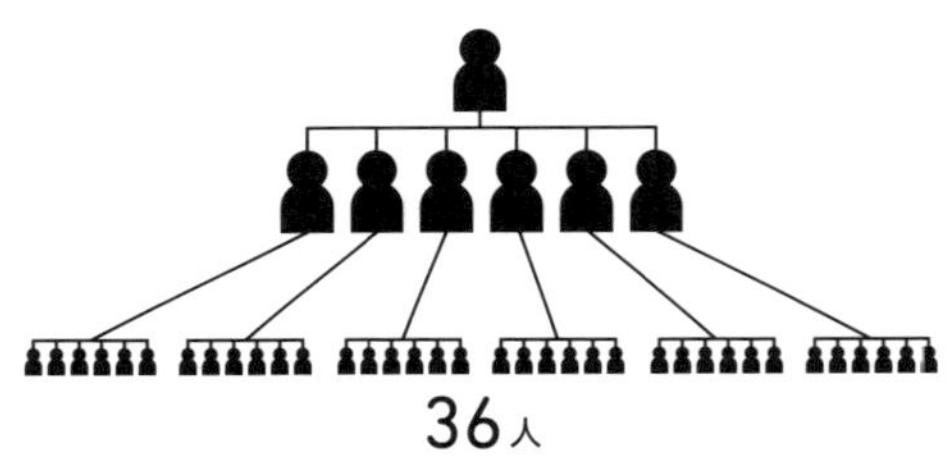

図2－3｜「Step2：行動でマネジメント」の規模感

Step3
結果でマネジメント …………　6の3乗で
216人

Step4
計画でマネジメント …………　6の4乗で
1,296人

Step5
文化でマネジメント …………　6の5乗で
7,776人

図2－4｜Step3～5の規模感

2・3 「Step1：背中でマネジメント」の組織

■創業者のリーダーシップと柔軟な組織運営

初期の組織は多くの場合、数名もしくは1名から始まります。この段階では、組織の大きさが創業者の認知限界を超えないため、ルールを設定する必要はありません。あらゆる面で創業者が自らの「背中」を見せ、リーダーシップを執って、組織を直接運営するのです。ですから「背中でマネジメント」する組織には、組織運営に関する公式のルールがありません。組織は、インフォーマル（非公式）なやり方で運営されます。ルールがないので、その時々の状況に合わせて柔軟に組織を運営できるのがこの段階の組織のメリットです。つまり、顧客への価値提供にすべてのパワーを使えるわけです。

【特徴】

・創業者のリーダーシップ
・直接的でリアルタイムの指導
・インフォーマルな組織運営

【メリット】

・創業者の魅力による求心力の高さ
・規模が小さいため、何事にもすばやく柔軟な対応が可能

【デメリット】

・強力で個性的な創業者の意向に振り回されることがある
・「親亀こけたら皆こけた」の状態になり得る（リーダーが失速すると組織全体が失速する）

図2−5｜Step1「背中でマネジメント」の特徴・メリット・デメリット

組織はルールを守るためではなく、社会に価値を提供するために存在します。その意味で、この段階の組織は一つの理想形と言えるかもしれません。

ただし、この理想形はあくまでも組織が少人数で構成される場合にのみ成立します。組織の大きさがリーダーの認知限界を超えれば、「統制の危機」が訪れます。自由な理想郷だった少人数組織には、メンバー数が増えることで経営者の目の届かないメンバーが生じてしまい、メンバーの行動に統制が効かなくなってしまうからです。

そうなると、リーダーの指示を待つメンバーが増えて、一部は指示が来るまで行動しません。また一部は勝手に行動するようになります。組織は機能不全となり、統制しなければ組織として成果を出せない状況になるのです。

2・4 「Step2：行動でマネジメント」の組織

■行動レベルでの指示とマニュアルによる組織運営

マネジメントスタイルを変えなければならなくなった組織では、トップの目が届かなくなったメンバーをマネジメントするために、権限を移譲された「管理職」が置かれます。そして、組織を運営するためのルールが設定されるのです。

管理職の役割は、経営者の目が届かないメンバーをマネジメントすることです。ただし、これまでインフォーマルで柔軟にマネジメントしていたため、組織自体に方向性やビジョンはありません。

マネジメントを任された管理職は、個別具体的に行動自体を指示することしかできません。これが、行動のマネジメントです。

マニュアルなどで、やるべきことを1から10まで具体的に直接指示するのが、この段階の特徴です。方向性が決まらないまま拡大した組織を統制するには、個別かつ具体的な行動レベルの指示が必要だからです。

ところが、このマネジメントスタイルを突き進めると、メンバーは徐々に自分の頭でモノを考えなくなります。今度は、「自律の危機」です。勝ちパターンが決まっていて、最前線の人がモノを考えなくても大丈夫なら、それでも問題ありません。しかし、現在、そのような状況はなかなか望めないでしょう。指示されたことをきちんと守るだけでは不十分で、個々のメンバーが自律的に、何をすべきかを考えることが必要なのです。

【特徴】

- 管理職の出現
- 1から10まで行動レベルでの指示
- マニュアルによる組織運営

【メリット】

- マニュアルにより個人や場面によるムラがなくなる
- 「指示待ち」タイプの人材でも活用できる

【デメリット】

- マニュアル化の弊害で、自分で考えなくなる
- 小規模な割に、しばしば柔軟性に欠ける

図2−6｜「行動でマネジメント」の特徴・メリット・デメリット

2・5　「Step3：結果でマネジメント」の組織

■市場原理による競争と自由・自己責任

具体的なことでマネジメントする［Step2］の組織を変えなくてはならなくなると、「結果でマネジメント」する組織が登場します。

結果でマネジメントする組織では、「ゴール」と「ゴール達成時のインセンティブ（ご褒美）」を決めて、それを明示することで、メンバー自身に自由に判断させます。その狙いは、1から10まで行動を指示されて自律性を失い、指示待ち人間になってしまった社員が再び自分で考えて行動し、創造性を発揮するように促すことです。

［Step3］の組織では、「自由と自己責任」という言葉がよく使われます。つまり、［Step2］の「面倒見るから俺の言うことを聞け」という状況から「自由にさせるから、自分で責任を持て」へと変わるわけです。ある意味、「市場原理」を用いて、組織をマネジメントする手法と言えるかもしれません。

では、結果でマネジメントが進むと、組織はどのような状況になるでしょう。

多くの場合、自由競争が行き過ぎて、組織の構成員による自分勝手な行動が目立つようになります。つまり、会社や事業、組織全体のために行動するのではなく、チームやメンバー個人のためにのみ動くなど、利己的な行動に走る人が現れるのです。たとえば、営業先リストを多く作り過ぎて自分だけでは回りきれないとき、他の営業メンバーにリストを振り分ければ組織全体としては効率的です。しかし結果でマネジメントが行き過ぎると、営業部員の一部は、「営業先リストを振り分けると、自分の成績が相対的に下がるかもしれない」と考えて、あえてリストを抱え込みます。こうなると、社内で協調行動やシナジーが生まれにくくなってしまいます。そして、この問題が大きくなると、組織は次の段階に進むのです。

【特徴】

・市場原理による競争
・自由と自己責任
・インセンティブ

【メリット】

・一定の自由度があるので、各人が自分にあった仕事のやりかたを模索できる
・うまく運用すれば、各社員が自分の「自由」を工夫することでよい意味での社員間競争が生まれる

【デメリット】

・自律性に欠ける人材、スキルのない人材などは「自由」を与えられるとかえって困る
・「親亀こけたら皆こけた」の状態になり得る（リーダーが失速すると組織全体が失速する）

図2－7｜Step3「結果でマネジメント」の特徴・メリット・デメリット

■「Step2」を飛ばして、「Step3」に行けるか

ベンチャー企業などがよく陥る落とし穴が、「「Step2」を飛ばして、「Step3」に行く」ことです。しかし残念ながら、このアプローチは多くの場合、失敗します。多くの人は、単に自由を与えても、自律的に行動しません。「自由」とは、多くの人にとって、ある種プレッシャーであり、負担なのです。真に自由を享受できる自

律的な人、勝手に自発性を発揮できる人は、あまり多くありません。自発性がない人、自由を活かすスキルがない人に、「自由に仕事をやってくれ」と言うと、ただ手足が止まってしまいます。

［Ｓｔｅｐ２］を飛ばそうと経営者が考えるのは、第一に経営者自身、「自由が大好き」だからです。経営者の多くは、上司にあれこれ言われるのが嫌で、自由にやりたいから独立しています。そういう人は、会社が成長して自分ですべてを見られなくなると、組織に自由な気風を持ち込もうと、「自由と自己責任」などと言い始めます。しかしこれは、多くの人にとってありがた迷惑です。職場で働く人の大半は、むしろ「細々と指示して教えてほしい」と考えます。こうした人が自由を享受し、自律して動くには、いきなり自由を与えるのではなく、最初は型にはめることが必要なのです。

こうした人の行動は、「熟達化（人はどうやってエキスパートになっていくか）」と呼ばれる心理学の分野でも研究されています。同研究によれば、人は熟達するために、最初はまず型通りにやってみて、型通りにできるようになったら、自分らしいやり方を徐々に模索するのが良いとされます。つまり、組織が成長する上で、［Ｓｔｅｐ２］は飛ばせないのです。

2・6「Step4：計画でマネジメント」の組織

■官僚制と組織全体での最適化

部分最適化で構成員あるいはチームの利己的な行動が進み、会社がバラバラになりそうになると、組織はまた統制を強める方向へ動き出します。すなわち、「計画でマネジメント」の段階です。

①**標準化**：抽象的・一般的な規則に基づいて職務が遂行される

②**階層性**：権限のヒエラルキーが明確になっている

③**没人格性**：支配者も服従者も非人格的な秩序に服従し、制定された規則の範囲内で命令と服従がなされる

図2－8｜Step4の組織における計画

計画でマネジメントする組織では、基本的には自分たちで考えて行動するものの、「事前に」行動計画を経営層に提出し、会社としての承認を受けることになります。これにより、権限の多くを現場に移譲しながら、事前に「部分最適」が進み過ぎた計画を修正し、ヒト・モノ・カネなどの経営資源を組織全体で横断的に管理して、最適配分することが可能になります。

いわゆる「官僚制」「官僚主義」という言葉は一般に、計画でマネジメントのスタイルを採る組織に対して使われます。官僚主義という言葉は、事前に決まった計画や規則で行動が縛られるため、批判的に使われがちです。しかし、官僚制は大きな組織を動かす上でのマネジメントの基本であり、それ自体が悪いものではありません。むしろ、世のほとんどの企業が、官僚制の組織形態を採っていると言っても過言ではないでしょう。

官僚制を採用する組織は通常、図2－8のような特徴を持っています。この①や③が、「Ｓｔｅｐ４」の組織における「計画」です。世に非難されることが多い官僚制のデメリットは図2－9の通りです。これは、「官僚制の逆機能」とも呼ばれます。

この官僚制の逆機能以外にも、「Ｓｔｅｐ４」のマネジメントスタ

イルには、様々なデメリットが伴います。たとえば、計画が独り歩きして、状況が変わっても柔軟で自由な対応ができなくなることです。役所などでよくある「期初の予算を消費するために、道路

①**形式主義・画一主義**：規則を守ることが手段であったにもかかわらず、それが自己目的に変化し、柔軟に対応しない

②**繁文縟礼（はんぶんじょくれい）**：規則や手続きなどが細々としていて煩わしい。担当者によって対応にバラつきが生じないように処理の手続きが詳細に定められ、また正確な記録を残す観点から手続きはすべて文書によるものとされる

③**セクショナリズム（割拠主義）**：組織全体の利益よりも自分の所属する部局の利益を優先し、自分の担当以外の仕事には一切関心を示そうとしない。本来はその上位部署が各部署のセクショナリズムを戒め全体最適行動をさせればよいが、それが機能しない場合、こうなる

図2－9｜官僚制の逆機能

【特徴】

・官僚制
・横断的資源管理、再配分
・何事も「標準化」され、「階層性」「没人格性」を持つ

【メリット】

・「部分最適」が進み過ぎた計画を修正し、経営資源を組織全体で横断的に管理して、最適配分することが可能になる
・「官僚制」は批判的な文脈で用いられることが多いが、実はすべての組織の基本である

【デメリット】

・「形式主義・画一主義」が生まれ、「繁文縟礼」な状態に陥る
・セクショナリズム（割拠主義）が生じることがある

図2－10｜Step4「計画でマネジメント」の特徴・メリット・デメリット

を掘ってまた埋めるような意味のない作業が行われる」といった非合理な組織行動はその典型例になります。こうした弊害が大きくなると、次の第5段階（最終段階）である「文化でマネジメント」に移行します。

2・7 「Step5：文化でマネジメント」の組織

■自発性と創造性の発揮

「文化でマネジメント」の組織では、「自由と統制」が統合されます。行動や結果などの明示的なもので「厳密に」統制するのではなく、文化（価値観や考え方・思想・理念）などで社員の意識を「緩く」統制するのです。

文化でマネジメントする組織では、孔子の「心の欲する所に従えども矩を踰えず（自分の思うがままに物事を行っても、正道からは外れない）」という言葉に似て、「やってはいけないことを定める（ＯＢラインを引く）」「トラブルや例外が起こったときにだけ管理者が介入する」など、全体としては緩く統制されているものの、個々人は自由な創造性を発揮できます。

行動を管理すると、自律性や創造性が低下します（「Ｓｔｅｐ２」）。社員に明確に何をすればよいかを指示することで、確実に組織を動かせるものの、働く側から見ると、窮屈この上ないことになります。

一方、行動は管理せずに、達成すべき結果を示して、ある意味、社員を競争させれば（「Ｓｔｅｐ３」）、自発性は発揮されるでしょう。ただし、競争させることは、創造性にはプラスではありません。創造性に関係があると言われる内発的動機付けが下がるからです。また、社員同士のシナジーが生まれず、足の引っ張り合いさえ起こるかもしれません。

［Step2］や［Step3］と比べて、文化を共有することで組織をマネジメントする方法には、様々なメリットがあります。まず、社員は明確な価値観を共有するものの、基本的には自律的に考えて動くため、意思決定が速くなります。また、メンバー同士の考え方も似ているため、協力関係を構築しやすくなります。仕事の意味付けも容易で、モチベーションをマネジメントしやすくなるでしょう。また、個々人がやりたくてやるために、創造性も生まれます。

このように、文化でマネジメントは、「スピード」「自律性」「創造性」「シナジー」などの面で、理想的なマネジメント方法と言えるかもしれません。

■「文化でマネジメント」はなぜ難しいのか

理想的なマネジメントスタイルに見える［Step5］ですが、その実現は容易ではありません。社員に、成熟度や自律性、高度な知識・スキル、経験などが求められるからです。いくら理想だからといって、一足飛びにこの段階に達するのは容易ではなく、無理にやると組織が空中分解します。組織の「文化」というものは、宣言しただけでは、実現できません。一貫性のある人事を長い年月実施することによってはじめて作り上げることができるのです。

また［Step5］の組織には、経営学者ジム・コリンズが著書『ビジョナリー・カンパニー』

で「カルトのような文化」と評したように、やや宗教がかった「価値観の統制」が生じます。そのため、人によってはこの理想的なマネジメントスタイルを「気持ち悪い」と感じます。強い文化を持つ組織よりも、ドライで機能的な組織の方が好きな人も一定数存在します。

結局、いずれのマネジメントスタイルも、全員に完璧なものではあり得ないのです。

【特徴】

- 自発性と創造性の発揮
- OB ラインの設定（そのライン以下は自由とする）
- 上級社員が対応するのは、トラブルシューティング、例外管理

【メリット】

- 社員は基本的には自律的に自分で考えて動くため、意思決定が速くなる
- 同じ価値観の上司部下や同僚であれば、仕事の意味付けが楽で、モチベーションをマネジメントしやすくなる
- 「勝つためにやる」のではなく「やりたくてやる」ため、クリエイティビティが生まれる

【デメリット】

- 組織全体にも構成員にも、高いスキルや知識、経験が必要となる
- 「価値観の統制」と捉えて、「宗教的・カルト的」「気持ち悪い」と感じる人がいる

図2－11｜Step5「文化でマネジメント」の特徴・メリット・デメリット

2・8　グライナーモデルの問題と限界

■人事方針を変更するにあたってのヒント

ここまで組織が成長することで、どのような問題が生じ、それに対応するために人事の方針をどのように変えるべきかを考えてきました。では、グライナーモデルをどのように活かせばいいのでしょう。

グライナーモデルはあくまでも一つの理論であり、様々な制約条件のある現実の人事マネジメントにそのまま適用することはできません。多くの場合、一つの企業内にステップ2～4の組織が混在しているためです。

特に、「ステップアップしないままでも成長できる」点には、注意が必要です。業種によっては、Step2～4のまま巨大企業になることもあります。また、「文化でマネジメント」ですぐに思いつくグーグ

①解決策が次の問題を生む
⇒「今のステージ」に最適化すると「次のステージ」に進みにくくなる

②ステージの違う組織が同一企業に混在していると扱いが難しくなる
⇒マネジメントを共通化できない（オペレーションの複雑さとのバランス）

③急成長企業の適用に問題がある
⇒ステップを飛ばすと、結局、どこかでやり直しをしなくてはならない

④ステップアップしないままでも成長できる
⇒「ステップが上がれば、優れた企業」ということではない

図2－12｜グライナーモデルの問題点

ルも、確かに中核部門はＳｔｅｐ５ですが、末端組織はＳｔｅｐ２～４です。これは、その組織の業務がその段階に適していて、そこに留まる方がマネジメントしやすいからです。

つまり、グライナーモデルは、あくまでも組織の成長に応じて人事の方針を変えていく上でのヒントなのです。その限界を理解した上で、グライナーモデルを活用すれば、人事の方針を変えていくときに役に立つでしょう。

3章
採用と代謝は一つの流れで考える

3・1　なぜ、採用と代謝はセットで考えるべきか

■人材フローの鍵となる採用と代謝

人材ポートフォリオを実現するには、採用と代謝をセットで考える必要があります。なぜでしょう。

ある企業の理想的な人材フローが「毎年、5%が入社し、5%が退社する」であるとしましょう。では、その企業の構成員が「定年まで居続ける」人ばかりなら、どうなるでしょうか。退職率が5%に満たない水準で推移し続けた結果、どこかのタイミングでリストラが必要になるのです。

組織に残りたいと思っている人たちを無理やり切れば、当然ながら組織は疲弊し、残った人のモチベーションも落ちます。つまり、ビジネス活動に対峙するエネルギーが失われるのです。「組織

理想的な退職率を
キープできた場合

入社 5%
退社 5%

20年後

人員は総入れ替えになっているが、
全体のプロポーションは変わらない

予定より退職者が
少なかった（居残った）場合

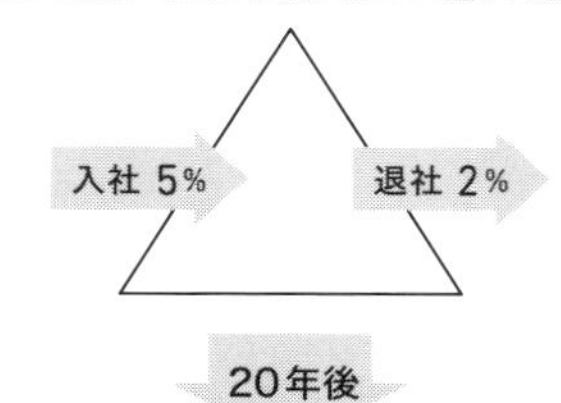

20年後

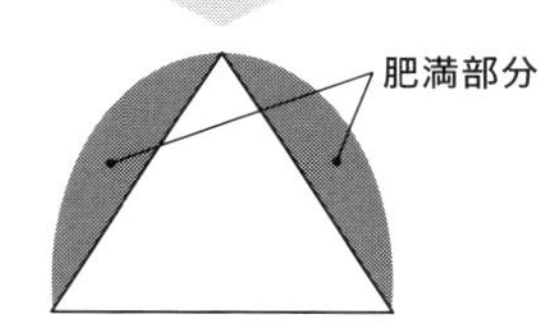

組織のプロポーションが
変化し、場合によっては
痛みを伴うリストラが必要

図3－1｜組織のプロポーションを理想的に保つために退職率をコントロールする

は戦略に従う」と言われる通り、そもそも人事は事業戦略を実現させるための手段であるにも関わらず、これでは本末転倒と言うほかありません。

■セットで考えればマネジメントが楽に

一方、採用と代謝をセットで考えるとどうなるでしょう。例えば、「キャリア自律」した人々を採用すれば、社員の一部はキャリアの節目で「自然に」会社を退出していきます。それでも「5%」という目標退職率を実現できなければ、退職率をアップさせる施策を実施してもいいでしょう。自然な形で社員の退職を促すのです。

採用と代謝をセットで考えるメリットは、ほかにもあります。経営者や人事担当者の負荷が下がることです。採用はほどほど頑張って、後工程で対処しようとすれば、後で手ひどいしっぺ返しを喰らいます。一方、採用時点で代謝も考慮すれば、配置や育成、評価や報酬の計画も立てやすく、組織に無理をさせる必要がありません。また代謝に強制感がないため、社員のやる気を削がないのです。

このように採用と代謝はセットで考えるのが、人事マネジメント上、合理的です。例えば、私が最初に勤めたリクルートは、もしかすると世界で一番、採用と代謝をセットで考える人事マネジメントに成功した会社かもしれません。もうすぐ創業60年になりますが、平均年齢はいまだに30代。しかも、グループ会社は別として、リクルート本体でいわゆるリストラ（首切り）をしたことはありません。あくまでも自然な退職だけで、組織の人口ピラミッドを理想的な状態に保っているのです。これを可能にしたのは、「退職による新陳代謝」から目を背けずに、採用と代謝をマネジメントしていたことでしょう。

リクルートは、文字通り「命をかけている」と言っていいほど、採用に力を入れていますが、一方で「フレックス定年＝38歳から定年が選べる」や「イオ制度＝同じ業務を、社員ではなく独立して業務委託としてやり続けられる」など、退職や独立を促す制度を昔から導入してきました。このような仕組みを次々と導入した結果、リクルートは一定割合の人材が自然でポジティブな退職をして新しいステージで活躍しています（そのため、リクルートは「人材輩出企業」などと呼ばれていますが……）。優秀なスター社員が退職することは、短期的には損失です。しかし、中にいる次世代のスター社員には「良いポジションが空く」という願ってもないチャンスとなり、持てる力を発揮する機会が与えられます。

退職をネガティブに捉えすぎずに、組織の新陳代謝をきちんと計画的に行っていくことで、会社にとっても社員にとっても良い循環が生まれるのです。

3・2 採用を最も重視するべき理由

■人は大人になるほどに、変われない

「採用」「配置」「育成」「評価」「報酬」「代謝」という人事の6つの役割のなかで、人事担当者が最も重視すべきは採用です。これは、採用の重視が、経営層、従業員、顧客などにとって最も望ましい結果につながるからです。

具体的には、人事業務全体の重要度を100%としたとき、採用の比率は50%、もしくはそれ以上です。それに続くのが「組織内での採用活動」とも言える配置で25%、残り25%が育成、評価、報酬、代謝などとなります。

採用を重視する理由を端的に言えば、「人は大人なるほどに変われない」からです。多くの能力には、「臨界期（その年齢を超えてしまうと容易に獲得できなくなる時期）」が存在します。優秀な人材を採用できなければ、配置を工夫したり、育成したり、評価や報酬でモチベートしたりしたところで、多くが徒労に終わります。逆に、良い人を採れば、能力を発揮する適切な場を与えるだけで勝手に

ヒント　よく言われる「臨界期」の例

「臨界期」とは、人間の発達の比較的初期において、ある刺激（経験）が与えられたとき、その効果が最もよく現れる時期である。

言語習得を例に取れば、母語の臨界期は一般的に9才、その他の言語獲得の臨界期は12 ～ 13歳までと言われる。日本人はRの発音、フランス人はHの発音が苦手なように、音を聞き分け、自ら発することの臨界期はもっと早く、3歳とされる（いずれも諸説ある）。臨界期を過ぎると何かの習得が不可能になるわけではないが、効率・スピードは圧倒的に遅くなる。

また、学術的に立証されているとは言い難いものの、「人が他人の名前を覚える能力は20代がピーク」という説もある。これは、その能力が「結婚（繁殖）相手を見つける能力」の一環だから、と聞く。本当なら、興味深い話だ。

成果を出します。

すでに、ＩＢＭやリクルートといった一部の企業は、人事部の「採用部門」と「人事開発部門」を明確に分けて、採用に注力する姿勢を打ち出しています。サイバーエージェントもまた採用に注力することで、「社員の能力を最大限発揮させる組織作り」に成功しています。サイバーエージェントの強みは、実は、革新的なアイデアや技術を生み出していることではありません。ビジネスを実現できる人材を集めていることなのです。

■採用に十分注力している企業は多くない

私の見る限り、日本企業で採用に力を入れている企業はそれほど多くありません。採用に力を入れている企業の方が稀である、と言ってもいいでしょう。

象徴的なのは採用担当者の人数です。たとえばリクルートでは、私の在籍当時、百人ほどの人事部員の約半数、50名程度が採用専任担当でした。これに対して、年間何百人と採用する企業でも、採用担当者が2～3名であることは珍しくありません。一方で、採用よりも複雑な作業が必要となる評価や報酬の制度設計や運用、育成プログラムの開発、人事異動、人員削減などに多くの人が割かれているのです。

育成・配置・評価・報酬・代謝と採用との最も大きな違いは、「採用」だけが「未だ見ぬ人材」に対する活動であることです。その他の領域は、すでに「目の前にいる」人々に対する活動であり、解決すべき問題点も顕在化しています。一方、「未だ見ぬ」人材を獲得する活動である採用は、課題や成果が顕在化していません。

人は顕在化している課題にはすぐに対応しますが、「重要だが顕在化してない課題」は後回しにしがちです。そのため、採用に注力する企業が増えないのかもしれません。しかし、顕在化した課題の多くは、採用に注力していないことに起因します。「重要だが顕在化してない」採用をおろそかにする愚かさは明らかなのです。

3・3　制度不全が起こる原因は人材にある

■制度があっても使う人や文化や風土がなければ無意味

採用に十分なパワーをかけないと面倒な問題が後々生じます。その分かりやすい例が、「導入した制度が目的通りに機能しない（制度不全）」です。制度不全が起こる理由にも、採用が大きく関係しています。

本来、普遍的なはずの「人事」の領域にも、「流行」は存在します。わかりやすい例が「新規事業提案制度」「社内転職制度」「セカンドキャリア支援制度」といった「制度」でしょう。これらの制度は、かつて一部の企業にしか導入されていませんでした。しかし、近年、様々な会社が導入しています。

ところが、制度を導入した企業のうち、制度がきちんと機能しているところはまれです。会社説明会などで制度を列挙することにより先進的なイメージ作りに活用する程度で、実際に新規事業が生まれたり、社内の人材流動性が高まったりする事例はほとんどありません。

たとえば新規事業提案制度を導入しても、通常業務をこなしながら、新規事業を立案するチャレンジ精神とバイタリティのある人が相当数いなければ、そもそも提案は集まりません。組織のある種の「圧力」で提案だけを集めても、無理やり捻出したアイデアがクリエイティブなわけもなく、実現性が低いのです。これでは、本来の目的など達成できません。

社内転職制度についても同様です。この制度を機能させるには、社員の「キャリア自律（自らキャリアを切り拓こうとする志向）」が必要です。受け入れ側の上司や周囲の同僚は、自らの意思で部署を出ていくことを「裏切り」ではなく、ポジティブな異動として受け止めなくてはなりません。そのためには、「現在の構成員を最も有効活用して組織全体で成果を出す」という価値観が会社に必要なのです。こうしたベースがなければ、社内転職制度は、ローパフォーマーたちの「逃げ場」になるだけです。

このように制度だけ導入しても、制度を活かすベースがなければ効果は出ません。ベースを構築する上で最も重要なのが、「誰が」「何を」「どのように」のうちの「誰が」の部分です。つまり「採用」で必要な人材を十分に集められなければ、望む成果を上げられないのです。

■「風土」は人の志向の集合体

制度を活かす人材、そして人材が作り出す風土がなければ、制度は機能しません。また、制度で行動を強要すれば、多少なりとも残っていた社員のモチベーションを殺してしまいます。「制度によって人が変わる」ことはなく、「人が持っていた潜在的な志向や能力を、制度によって発揮させる」ことしかできないのです。

本来、最初に醸成すべきはそうした制度を「渇望する」風土であり、それには人材が必要です。人材は理屈上、育成できますが、先に述べたように人は容易に変わりません。そのため、風土醸成で最も有効な手段は採用となります。採用によって、企業の求める風土を志向する人材を集め、そうした人材が自然と風土を醸成し、風土を加速させる「触媒」として制度を作るのが正しい順番なのです。

リクルートは、私の在籍当時から現在まで、画期的な人事制度によって組織を活性化している事例として、ビジネス誌に取り上げられています。しかし社内では、「組織活性化の秘訣は人事制度でない」とよく言われていました。当時のリクルートには、評価や報酬制度によってパフォーマンスが左右される人などいませんでした。新規事業提案制度も、「制度がなくても事業のアイデアを出し続ける人がうまく活用している」だけだったのです。

リクルートの社員にとって、制度は邪魔しなければそれで構わないものであり、モチベーションの源は彼ら自身の中にありました。そして、「そういう人」を集めたからこそ、リクルートの風土は生み出されたのです。

3・4　代謝はコントロールできるのか

■将来の社内人口ピラミッドは予測できる

代謝では、採用とは逆に、内部にいる人材を外部に退出させて、組織の新陳代謝を促します。日本の大企業ではこれまで、リストラなど半ば強制的で痛みを伴う代謝が行われてきました。しかし、痛みを伴わない形での代謝も可能です。

ある社会における「人口動態（何年後に人口の年齢や性別などの構成がどう変化するか）」は、基本的に予測可能です。同様に、ある組織における将来の人口ピラミッドは予測できます。一時に大量の新卒を採用すれば、何年か後には、その世代が組織の一定割合を占めます。また採用をストップすれば、数年後か数十年後にその世代の人材は枯渇するでしょう。退職率も、実は一定規模以上の組織であれば、ある程度予測可能です。エクセルを叩くだけで、将来の社内人口ピラミッドは「見える」のです。

しかし多くの企業は、こんなに簡単に見えるものを見ようとしていません。採用時には、必要人員数をきちん検討するにも関わらず、将来の人口ピラミッドを予測し、予測に基づいて人口ピラミッドを理想的な状況に保とうとする企業は稀です。人口ピラミッドの変化は、ポスト不足や人材不足など様々な問題をもたらす根本原因であるにもかかわらず、問題が表面化してから慌てて対処するのです。

人材不足は、採用というポジティブな活動に力を入れれば対処できるため、まだましかもしれません。深刻なのはポスト不足、すなわち人余りです。残念ながらポスト不足を「認識」した時点で採れる処置は、リストラという「外科手術」しかなく、悲劇が繰り返されます。ピラミッドの形は維持できても、組織には「不信感」という深い傷跡が残るのです。

■退職率をマネジメントする

毎年の目標採用数が、各事業の売上計画と生産性からの逆算で決まるのは、ある程度、仕方のないことです。市場が急成長していれば、将来的な社内人口ピラミッドに歪みが生じても、経営者にそこでブレーキを踏む選択肢はありません。大量採用に踏み切ることも珍しくないでしょう。逆に、市場が縮小すれば採用を絞ったり止めたりすることもあるかもしれません。今を生き延びなければ、未来そのものがなくなるからです。

このように、ピラミッドの入口である採用は、コントロールしやすいようでいて、実はコントロールが容易ではありません。そのため重要になるのが、出口の部分、すなわち「退職率のマネジメント」です。リストラせずに組織のピラミッドを適切な状態に保つには、これ以外の選択肢はないのです。

3・5　退職率のマネジメント

■ターゲットとなる退職率を設定

退職率のマネジメントは、リストラとは別物です。基本的に、個人の意思に退職率が左右されるため、短期的かつ劇的な効果はありません。緩やかな変化をコントロールするので、つねにモニタリングする必要があります。

退職率のマネジメントでは、まず自社がターゲットとする退職率を決めます。仮に、退職率を5％に設定すれば、ある年、１００人入った新卒者が20年後、誰もいなくなる計算です。40代半ばを社内人口ピラミッドの頂点とするのであれば、このあたりが適切な退職率でしょう。

若い世代をピラミッドの頂点に置けば、ターゲットとする退職率はもっと上がります。たとえば、若さを売りとするアパレルショップでは、店員は少ない入社年次でピークを迎え、数年後に入れ替わります。逆に、一人前になるまで長い年数がかかるのであれば、退職率はもっと低く設定するべきです。たとえば伝統芸能に携わる人が数年ごとに入れ替われば、その芸能自体が崩壊してしまうでしょう。

退職率のマネジメントでは、退職率をつねにモニタリングしながら、ターゲットよりも上振れすれば、退職率を下げる施策を、下振れすれば退職率を上げる施策を実施します。

「求心力」施策	「遠心力」施策
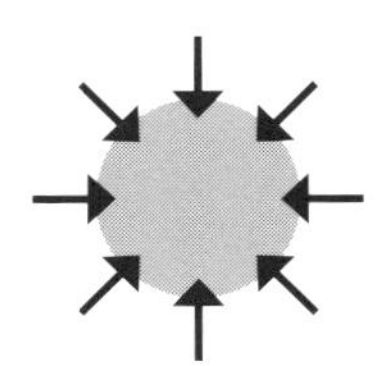	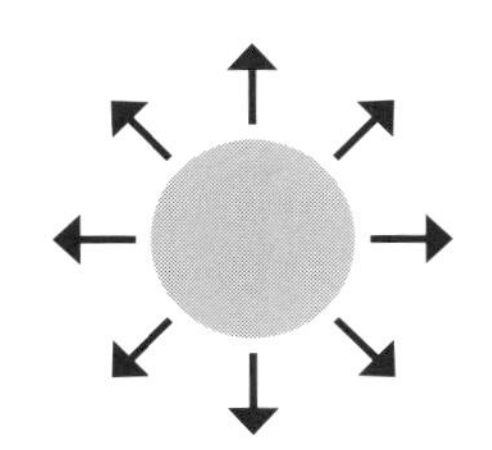
●組織の一体感や愛社精神を高揚させるイベントや評価・認知活動 ●社内業務に役立つ能力開発への投資 ●仕事や職場への適用を目的とした研修 ●残留インセンティブの高い退職金 ●報酬アップ　など	●社外を含めた選択肢を検討させるキャリア研修 ●ポータブルスキル開発への投資 ●セカンドキャリア支援の退職金 ●早期退職による退職金の上積み ●役職定年制度　など

図3－2｜「求心力」と「遠心力」の施策の例

■退職率をコントロールする「求心力」と「遠心力」

では、退職率を下げる・上げるために何をやるのでしょう。

退職率を下げる施策は、「求心力」施策とも呼ばれ、会社への定着を促します。具体的には、組織の一体感や愛社精神を高揚させるイベントや評価・認知活動、社内業務に役立つ能力開発への投資、仕事や職場への適応を目的とした研修、残留インセンティブの高い退職金、報酬アップなどです。

一方、退職率を上げる施策は、「遠心力」施策とも呼ばれ、会社からの退出を自然に促します。社外を含めた選択肢を検討させるキャリア研修、ポータブルスキル開発への投資、セカンドキャリア支援や早期退職の退職金上積み、昇給や昇格の停止、役職定年制度などがこれに該当します。

この2つを、理想の退職率と実際の退職率とのギャップを踏まえて実施するわけです。これは、簡単なことではありません。しかし地道に実施することで、自発的退職率をターゲットに近づけることができます。

■退職率のマネジメントは組織と個人の双方に有益

日本の企業には、「退職率を管理する」という表現に嫌悪感を抱く方も少なくありません。しかし、ピラミッドは上に行くほど必要人数が減るのは定めです。退職率を管理できなければ、「船頭多くして船、山に登る」で全員沈没することにもなりかねません。結局、リストラという外科手術が必要となり、乗り合わせた人全員が不幸になります。「一度採用した仲間は一生添い遂げたい」という志も立派ですが、それが不可能であることは受け入れるべきです。

最近は少なくなりましたが、かつて日本の企業では、中途退職を「落ちこぼれ」や「裏切り者」と見なしていました。そのために、惰性で会社に残っている人もいたのです。しかし、それは誰にメリットがあるのでしょう。

人事担当者は、社員全員が定年まで残れないという事実から目を背けることなく、彼らの出口に対しても配慮するべきです。すなわち、ある程度自然な遠心力をつねに利かせて、活躍できる場を社外に求めやすい風土を作ることこそが、本当の優しさなのではないでしょうか。そしてそれこそが、退職率のマネジメントなのです。

4章 配置によって人を育成する

4・1 人は新しい仕事で新しい能力を身に付ける

■配置こそが最も重要な育成手段

組織にとって、短期的に最も成果を上げやすいのは「今のまま＝現状維持」です。しかし、中長期で見ると、新しい環境に適応し、新しい能力や考え方を身に付ける人が増えると、社員が成長し、ひいては組織全体の成長につながります。これまで活かされていなかった人が生き生きと働けば、効果はさらに大きくなるでしょう。

配置替えすれば、対象者は新しい仕事や職場に向き合います。未知の環境への適応は、当初、不安や戸惑いやストレスをもたらしても、優秀な人材はそうした変化によって成長します。無用と見なされていた人に、新たな可能性が見出されるかもしれないのです。

しかし、組織の内部流動性を高めるのは容易ではありません。短期的な業績が求められる事業責任者は、成果を上げる優秀な人材を現在のポジションから外したくありません。また、成果を出せるかがわからない人材を受け入れるのも嫌がるでしょう。個人の側も、これまで慣れ親しみ成果も出している仕事から新しい仕事へ移るのは相応の勇気が必要です。こうした両者の意図が組み合わさった結果、多くの組織において「今のまま」という現状維持が続くのです。

このような状況を打開する上で大きな役割を果たすのが、人事担当者です。様々なプレッシャーを背負って頑張る経営者や現場リーダーは、決して視野の狭い人ではありません。「今」がなければ「未来」はないので、今の業績を大事にするのは当然です。しかし彼らは、「今」を大事にし過ぎると、継続的に成長できないことも理解しています。

重要なのは、「今」と「未来」の投資バランスです。人事担当者は、そのバランスを検討し、納得感のある具体案を提示することで、配置転換を提言しなくてはなりません。そのためには、現在の組織の構成員が持つポテンシャルや可能性をきちんと把握する必要があります。その上で、成長に向けた配置を推進するのです。

人事担当者は、自社の構成員の可能性を誰よりも深く把握できるはずです。その可能性の総和＋αが、組織全体の可能性であり、それを経営者や現場リーダーに伝え続けることで、現場を含めた会社全体に「育成」への投資意欲が生まれるのです。

■組織も「淀めば濁る」もの

清き川も、流れが堰き止められて淀めば濁ります。川が濁れば水が腐り、水が腐れば新たな生命は生まれません。これは組織も同様です。流れが淀めば、濁り、腐るのです。

組織における「流れ」とは、組織に「人」がどのように入り、どのように組織内を動き、どのように出ていくか、すなわち「人材フロー」です。そして、濁った組織では、「多くの人が同じ部署に長くいて同じような仕事をしている」「上層部が長期にわたって同じメンバーで占められていて、変わり映えしない」「新しい人がほとんど入ってこない」のです。

ではなぜ、濁った組織は死ぬのでしょう。

まず、構成員の「やる気」を奪うからです。どんなに優秀な人でも、長年同じ仕事をすれば、マンネリ化して成長が止まります。創造性が失われ、最高のパフォーマンスを発揮することは難しくなり、成果を出せなくなります。

こうした状況は、その下で席が空くのを待っている人のやる気も奪います。彼らは、仕事に飽きてマンネリ化した上司を見上げて「そんなことなら、自分にやらせてほしい……」と、努力が報われない状況を嘆きます。その状態が長く続けば、彼らは「学習性無気力」に陥ります。このように、「組織が濁る＝人材フローが停滞する」ことは、成長の停滞と組織の不活発化につながっていくのです。

■成長させるために、「かき混ぜる」

組織が濁らないようにするには、まず「人材の内部流動性を高める」必要があります。つまり、人材を異動させたり、昇格／降格させたりするのです。内部流動性を高めれば、組織が濁ることを抑止したり、防いだりできます。リクルートは、私が就職した当時から組織活性化のため、かなり意図的に組織をかき混ぜる会社でした。人事異動や組織変更を頻繁に行い、営業しかやったことがない人が普通に経理や人事や法務などへ異動したり、逆に人事から営業へ異動したりするのも当たり前でした。その影響でオフィスのレイアウト変更も多く、引っ越し代の高さが問題になったほどです。しかし、経営陣はその効果を理解し、人や組織の成長投資の一部と考えていたのでしょう。

配属・配置による人材育成の分野はまだ手を付けていない企業も多く、未開拓です。逆に言えば、効果的に実施できれば、会社の競争優位性につながるかもしれないのです。

4・2 配置では何を重視するべきか

■配置では相性も重要になる

一般に配置にあたり、人事担当者が考慮するのは、個人の「能力」や「志向」、そして職務の適性です。しかし実際には、それでは不十分です。何が足りないのでしょう。

実は、配置において最も重要なのは、「配属される人と配属先の構成員・チームとの相性」です。これは、多くの日本人が「役割意識」を重視し、場やチームの状況に合わせて自分の役割を変化させることを厭わず、それを「貢献」と考えるからです。つまりチームへの貢献をモチベーションの源としているわけです。

実際、よくある「人が転職する理由」に関する調査を見ると、一番にあげられている理由は、職務内容でもキャリア観の相違でもなく、「人間関係」であることがほとんどです。よく言われるように、「何をするか」より「誰と働くか」が日本人には重要なのです。それならば、配置を考える際、「上司や同僚との相性」を第一に考えて配置するべきではないでしょうか。組織課題の多くもまた、原因は配置であることが多く、配置転換すれば解決できる課題が少なくありません。人を活かすには、周囲との良い人間関係を構築すればいいのですが、結構な割合でこの当たり前のことが見過ごされているのです。

多くの人は、相性の問題を個人の資質あるいは採用時の絞り込みが原因であると見なします。低業績者が出れば個人の能力不足と見て、早期退職者が多ければ「採用ミス」と考えるわけです。そのため、対策も個に対するものが多く、個にプレッシャーを与える評価報酬制度を導入したり、人を入れ替えるためにリストラしたり、研修やカウンセリングを実施して個の変化を期待したりします。しかし本来、問題は「場」であり、「場との相性」です。問題を解決するには、「個」ではなく「組織」、すなわち「配置」を変える必要があるのです。

■「良い相性」とは何か：「同質関係」と「補完関係」

プログラミングの生産性に関する、ある研究によれば、パーソナリティの相性を考慮しないチームは、理論生産値を大きく下回る業績しか出せなかったそうです。

一方、パーソナリティの相性をきちんと考慮したチームは、いわゆる「シナジー効果＝相乗効果」を起こして、理論生産値を超える成果を上げました。相性を考慮しない6人チームが平均4・5人分程度の成果しか出せなかったのに対して、相性を考慮した6人チームは、理論生産値の1・5倍である9人分程度の成果を上げたのです。

では、人間関係における「相性がいい」とはどういうことでしょう。

実は、相性の良さには、2種類あります。一つは、「同質な相性＝同質関係」です。「一から十まで教えようとする細かい上司に、丁寧な指導を望む部下が就く」といったケースがこれに該当します。高い退職率などが問題の場合、同質関係の配属は特に有効です。同質関係は互いに似ているがゆえにコミュニケーションコストが低く、出会ってすぐにわかり合えます。また「類似性効果（自分に似た人に好感を持つ心理バイアス）」から、友好関係を構築しやすいでしょう。

ただし同質関係は、慣れるとマンネリ化して生産性低下を招きがちです。そのため、もう一つの相性の良い配置である「補完関係」の方が適している組織も少なくありません。補完関係では、互いが互いを補完します。たとえば、「自分の信念に基づいて部下を引っ張る上司に素直で従順で受容タイプの部下が就く」など典型的な補完関係です。補完関係では、互いに「異質」なため、理解し合うまでやや時間がかかります。しかしその段階を乗り越えられれば、異質な意見を組み合わせられるので、互いに刺激を感じて、チームの生産性が高まると言われています。どちらを選ぶかは、解決すべき組織の課題などに応じて判断するといいでしょう。

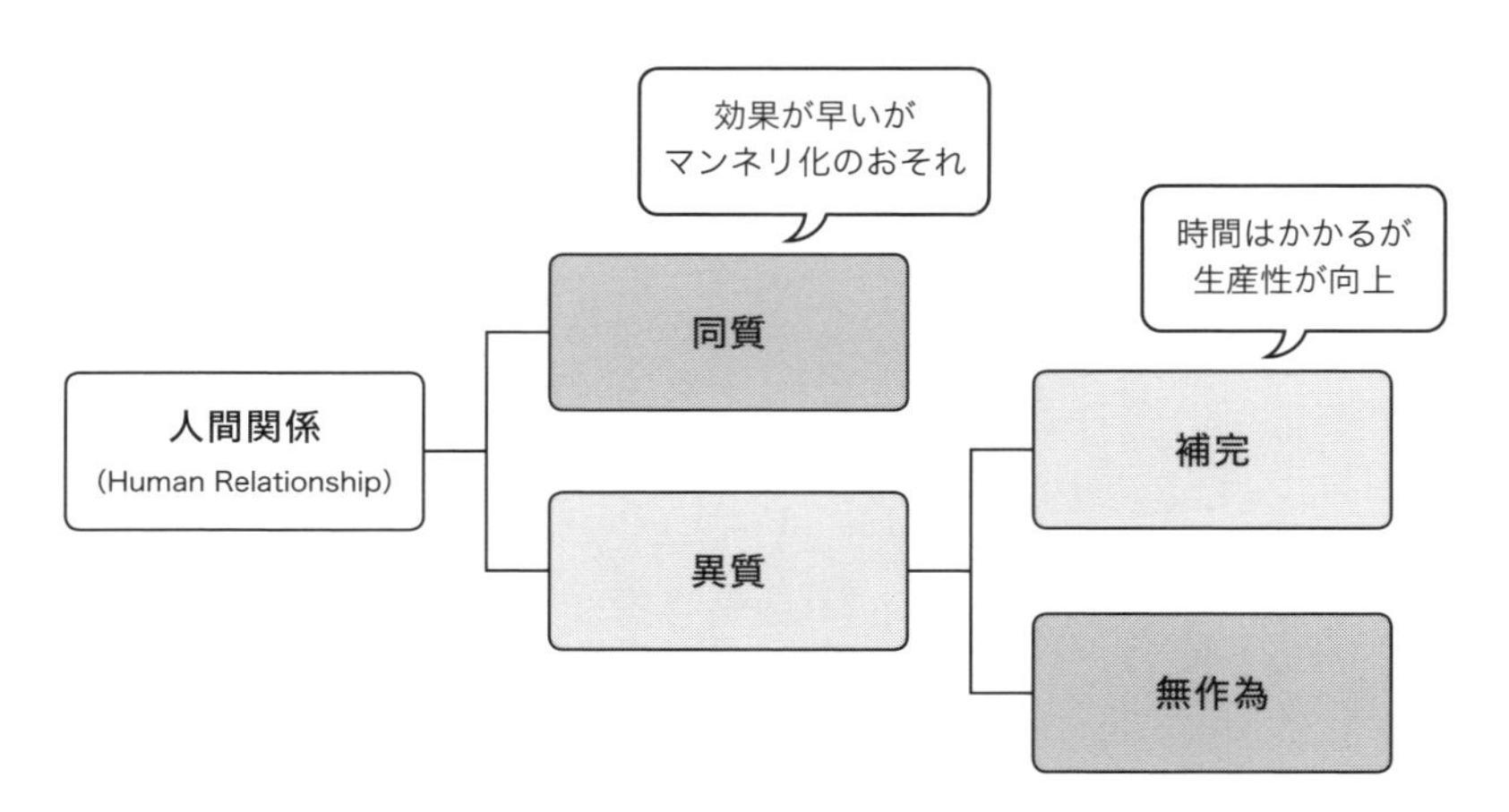

図4－1｜「同質関係」と「補完関係」

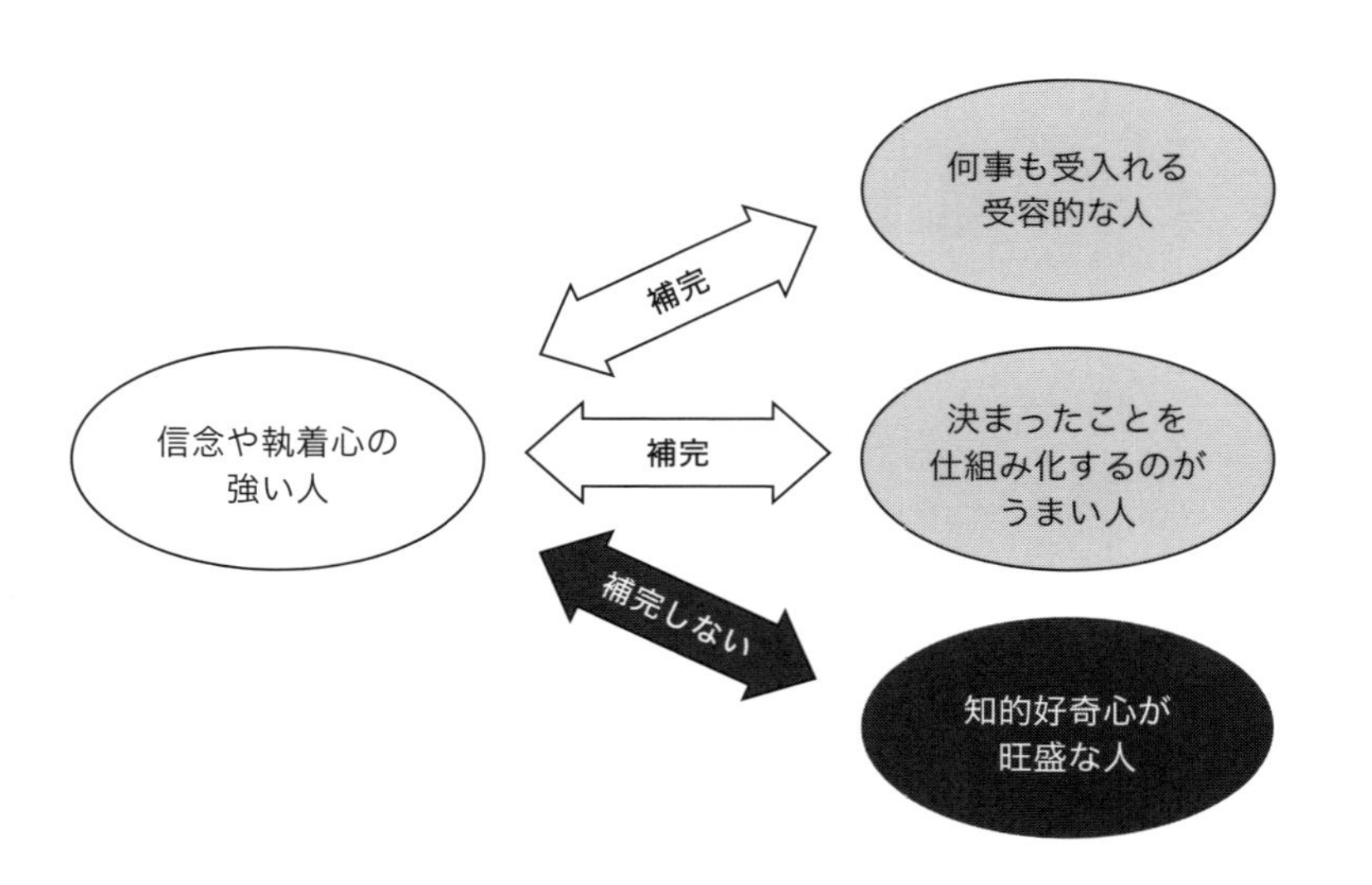

図4－2｜典型的な「補完関係」の例

なお、同質関係でも補完関係でもない、単に異質な者同士を組み合わせる「異質関係（無作為）」は、うまくいけば非常に独創的なアイデアを生み出すかもしれませんが、たいていはそうなりません。互いに理解し合うことなく、協力し合わず、いがみ合って組織としてのコントロールが難しくなります。

4・3 相性を可視化し、問題を発見する

■相性が悪い場合には、様々な形でサポート

相性の良い配置の実現では、「パーソナリティの可視化」が必須となります。人事担当者のカンを根拠に相性を判断すると、しばしば間違うからです。様々な心理バイアスから抜け出し、相性の良い配置を実現するには、個々人のパーソナリティをできるだけ客観的かつ正確に捉えましょう。

現在、多くの会社が採用選考においてＳＰＩなどの適性検査を実施しています。すでに実施していれば、内定者のパーソナリティ・データがそこから取れるはずです。ただ配置で重要なのは、上司や同僚との相性なので、現社員にも適性検査を実施する必要があります。できれば全社員、少なくとも配属予定部署の上司には、同じ適性検査を受けてもらいましょう。

個々人のパーソナリティを可視化できれば、後は解決すべき組織の課題の優先度に応じて、リテンションを強化したければ「同質関係」、創造性を高めたいのであれば「補完関係」でマッチングします。

ところが現実には、すべてを相性の良い配置にするのは不可能です。配属地域や配属希望部署、知識やスキルといった制約条件があるからです。特に最近の学生については、「地元で働きたい」「出世を望まない」などの意向を汲み取る必要があり、相性が良くないと知りつつ、配置を決めることもあるでしょう。

しかし、たとえ相性の良くない配置でも、それを認識しておくことが重要です。認識してさえいれば、サポートできるからです。

サポートのやり方は様々です。たとえば、同質性の高い複数の新人をある部署に同時に配属する「集中配属」で、新人同士が支え合う環境を作ってもいいでしょう。あるいは、入社3ヶ月のタイミングでフォロー面談してもいいかもしれません。「5月病」と言うように、多くの組織課題は配属から3ヶ月以内に発生しています。また、上司への働きかけも有効です。「今回配属される新人はあなた（上司）とは性格が異なるので、このような点に注意してマネジメントしてください」と事前に伝えるだけでも結果は大きく変わってきます。

ヒント キャリアウェブ制度

リクルートでは、各事業がイントラネット上で求人広告をアップし、従業員が自由に応募できる制度「キャリアウェブ制度」を導入している。応募者と各事業担当者は面接を実施、双方の希望が合えばマッチングは成立し、**元部署の上司には拒否権がない。**リクルートは、この制度によって、従業員一人ひとりのキャリアにおける挑戦を後押ししている。

4・4 自由市場人事で最適配置を実現する

■自由市場人事にはインフォーマル・ネットワークが必要

配置を適正化するもう1つの手段が、計画人事から自由市場人事に変えることです。すなわち、「社内転職制度」の導入です。

現在、多くの企業が社内転職制度を導入していますが、うまく機能している企業はそれほど多くありません。では、社内転職制度を機能させるには何が必要なのでしょう。

リクルートには、自ら配属先に応募し、相手部署に受け入れられれば社内転職できる「キャリアウェブ」という社内転職制度があります。この制度を機能させる上で最も重要だったのは実は、転職希望者が社内の違う部署の人々とプライベートな関係を築いていたことでした。こうした関係性は一般に、「インフォーマル・ネットワーク」と呼ばれます。社内転職制度があってもインフォーマル・ネットワークがなければ、転職希望者には、社外の人と同様の情報しか入りません。当然、プロジェクトと人材のミスマッチも多く、本人にとっても組織にとっても不利益です。

一方、インフォーマル・ネットワークが構築されていれば、配属希望先部署に知り合いがいて、内々に「あのプロジェクトに興味があるけど、どう思う?」などと聞くことができます。「あれは○○さんがリーダーで、おまえとは相性がいいと思うよ」とか、「実はあのプロジェクトはかなり難航していて、人が辞めてばかりの炎上案件だ。やめておいた方がいいよ」など、本音の情報が得られるのです。

このように本音の情報が得られることは、組織全体としてメリットです。こうしたインフォーマル・ネットワークの構築を支援することが、制度定着に役立つのです。

4・5 「現場での育成」を組織全体で担う

■上司だけが育成の責任者ではない

多くの企業は、「現場での育成は上司の責任」と考えがちです。しかし実際には、相性の合う上司の下に配置しただけでは、十分な育成効果は望めません。そもそも上司の役割は、配属された部下の育成だけでなく、彼らの評価や「仕事の割り振り」、仕事の意味付けや動機付け、仕事のやり方や目標の伝達、さらには部下の仕事のモニタリングや業務をやり遂げるまでのフォローなど、多岐に渡ります。しかも上司は、業務の成果に対する責任を担っています。当然、育成の優先度は低くなりがちです。

そのため、上司だけに部下の育成を任せれば、多くの場合、育成は失敗するでしょう。よほどのスーパーマンでない限り、部下育成に十分なパワーを割けないからです。人事担当者は、上司一人に育成を任せ切ることなく、「会社全体で育成する」という考え方を浸透させなくてはなりません。

この考え方に基づく仕組みが、「メンター制度」です。メンター制度では、内定者や新人などに対して、配属部署の直属の上司らとは別に、「年齢や社歴の近い先輩社員＝メンター」となる先輩社員を指名して、彼らが「若手社員＝メンティ」をサポートします。メンターは、いわばインフォーマルな上司、もしくは先輩のような存在です。正式な上司・先輩ではないため、メンティは良い意味で気軽かつフラットに色々な相談ができます。メンターが、部署の枠組みを超えて、新入社員の仕事における不安や悩みの解消、業務の指導・育成を担うことで、メンティにスキルやマナーを身に付けさせるのです。メンター制度は、近年、大手を中心に導入する企業が増えています。

■メンティだけでなく、メンターにとっても有益

メンター制度がメンティにとって有益なことは明らかです。社内の人間であるメンターは、ある程度社内事情を知っていて、部署は違うので直接の利害関係もありません。仕事のみならず、生活上の悩みも相談できれば、非常に心強いはずです。

一方で、あまり認識されていませんが、メンター制度は指導・育成にあたるメンターにとっても有益です。人に教えた経験がある方はご存知だと思いますが、物事を深く理解するために最も手っ取り早いのは、他人に教えることです。教える過程で、頭の中を整理し、言語化することで、自分自身も学習できます。メンターは、メンティへの指導を通じて、マネジメントやコミュニケーションのスキルを身に付けられるのです。

新人を担当させる場合、メンティには入社3～5年目程度の若手を選ぶことが多いようです。年齢が近いことでメンティが本音で話せて、少し頑張ればその先輩のようになれると思えるからです。年次が離れすぎると本音の話がしにくくなり、若すぎれば話しやすくはあるものの、未熟な面もあるのでメンターには適していないことがあります。

なお、スター社員は必ずしもメンターには向いていません。能力がかけ離れていると、メンティのロールモデルとなりにくく、「あんなすごい人がいるのなら、自分なんか役に立たない」と諦観する可能性があるからです。

- ●メンティと相性が良い
- ●メンティと利害関係がない（上司と部下、など）
- ●面倒見がよく、メンター制度や後輩の育成に関心がある
- ●年次は、入社３～５年の社員

図4－3｜メンターの条件

■重要なのはメンターとメンティの組み合わせ

メンター制度の導入にあたっては、複数名のメンター候補を選び、相性の良いメンティと組み合わせます。相性の良さは極めて重要です。合わないメンターと組み合わせると、逆効果になりかねないからです。相性の良さの判断は、適性検査などで判断することもありますが、一番良いのはあらかじめ非公式的に新人たちに「こういうメンター候補がいる」と示し、自分に合いそうな人を彼ら自身に選ばせることです。

メンター制度が有効に機能すると、社内に「インフォーマル・ネットワーク」が構築されるだけでなく、「前年にメンティだっ

た人が、今年はメンターとして応募する」など、様々な好循環も生まれます。

一つ気を付けていただきたいのが、メンター制度とＯＪＴは異なることです。ＯＪＴの主目的は「仕事を教えること」であり、メンター制度の目的は「会社に馴染んでもらうこと」だからです。ＯＪＴの指導者はメンターではなく、上司や先輩の役割を果たします。メンター制度をＯＪＴの一種と捉えると、メンティの納得感や満足感よりも「仕事の効率」が優先され、メンターはただ「即効性の高い解決法を指示する」だけの存在となります。そうなると、「信頼関係の構築」という本来のメンター制度の意義が曖昧になるので注意しましょう。

4-6 Ｏｆｆ-ＪＴでＯＪＴを補完する

■Ｏｆｆ-ＪＴの必要性とは

企業には様々な育成プログラムが存在しますが、その基本は、最適化した配置に基づく「仕事を実際にすること＝ＯＪＴ（On the Job Training）」と「ビジネス全般の知識を身に付けること＝Ｏｆｆ-ＪＴ（Off the Job Training）」の２つです。実践的な能力を身に付けるＯＪＴに対して、Ｏｆｆ-ＪＴでは実務から離れた知識・経験を重視します。

職場外研修とも呼ばれるＯｆｆ-ＪＴでは、職場を離れて社内の担当部署が考案したメニューや外部の研修機関が作成したプログラムを受講し、必要な知識やスキルを習得します。

もし、仕事するだけで、十分な知識やスキルが身に付けられるのであれば、ＯＪＴだけで十分かもしれません。しかしながら、企業が育成のみを考えて配置することはないでしょう。その人をその部署に配置する理由は、ほとんどの場合、その人がその仕事を一番できると考えたからです。「そこから何かを学べる」とは、逆に言えば、その人が「その仕事に精通していない」、「最高のパフォーマンスをあげられない」ということです。そのため、OJTだけで必要な知識やスキルを身に付けるのは難しいのです。そこにOff-JTの必要性が存在します。

【メリット】

・現場で仕事をする実践的な能力が身に付く
・トレーニングだけのための時間が必要ない

【デメリット】

・体系的に学べないため、汎用性にやや欠ける
・教える側が教育の専門家ではないため、上手下手が生じる
・教える側と教えられる側の相性がある
・複数の上司が複数の部下に教育をする場合、公平性に欠けたり、ムラが出たりする

図4-4 | OJTのメリット・デメリット

【メリット】

・体系的に学ぶため知識を整理でき、実務の土台がつくれる
・実務から離れた知識・経験が得られる（マナー、ロジカルシンキング、マネジメントスキルなど）

【デメリット】

・実務にそのまま使えるわけではなく、応用が必要
・実務以外の時間が必要になり、受講者側にも不満が生じることもある（「こんなことをして何になるんだ」など）

図4-5 | Off-JTのメリット・デメリット

ＯＪＴとＯｆｆ-ＪＴにはそれぞれ、図４－５のような特徴やメリット、デメリットがあります。

■Off-JTのもう一つの意義

それでもＯｆｆ-ＪＴについては、「わざわざ受ける必要があるのか」「自分で本でも読んで勉強すればいいのではないのか」と疑問を呈する人もいるでしょう。研修あるいはトレーニング、ワークショップを受けるために外部の研修場所へ赴き、貴重な時間を費やすからです。

しかし、場所を移動し、時間を費やさなければなかなか得られないこともあります。それは、「人の心に火を付ける」ことです。具体的には、「頑張ろう！」と思うきっかけをつくったり、「自分たちはまだまだ」という自覚やショックを与えたりすることです。「モチベーションを上げる」と言い換えてもいいでしょう。

そもそも、一度や二度の研修で、人が変わったり、能力を身に付けたりすることなど不可能です。人間の「能力」とは、「習慣の束」です。「習慣」とは、基本的な事柄の繰り返しによってしか身に付きません。たとえば、ゴルフのプロに一回正しいスイングを教わったところで、ゴルフの腕が急に上がることはありません。上達には反復繰り返しが必要であり、それはビジネス・スキルも同様です。ということは、一回や二回の研修で能力を身に付けるなど、そもそも不可能なのです。人は日々の仕事とそこでのＯＪＴを通じてのみ、成長できるのです。

反復繰り返しは、退屈で飽きやすい作業です。「継続は力なり」という格言があるのは、それくらい「継続」が大変で、どの時代の人も苦しんできたからです。だからこそ「継続」して「繰り返し」できるようにモチベートすること、その種火を与えることが、Ｏｆｆ-ＪＴの本来の意義でしょう。つまりＯｆｆ-ＪＴを計画するときには、単なる知識やスキルではなく、「何らかの種火」を与えるプランを立てることが何より重要なのです。

人事担当者は、Ｏｆｆ-ＪＴで「種火」を作る仕掛けを作らなくてはなりません。こうした仕掛けとして最も知られているのが、いわゆる３６０度評価サーベイなどを利用した研修です。あるスキルセットがその人にあるかを、自己評価するとともに上司や同僚、部下などにも評価してもらうのです。そして、自己評価と３６０度評価のギャップを突きつけることでどのように改善すればいいかを考えさせます。３６０度評価を経験したことがある人ならわかるはずですが、これはかなりきつい研修です。周囲の人から「あなたの能力レベルはこれくらいです」と数字で示されるからです。しかも、客観的な評価なので、受け入れるしかありません。あまりに精神的にきついため、多くの場合、研修後に「ガス抜き」的な懇親会（飲み会）を用意する会社がほとんどです。しかし、精神的にきついからこそ、モチベーションが生まれるのです。

もちろん、この種のショックがどのような人に対しても効果的なわけではありません。しかし、Ｏｆｆ-ＪＴで重要なのが、単なる知識・スキルのインプットではない一つの例とは言えるでしょう。

■Ｏｆｆ-ＪＴはインフォーマル・ネットワークの構築にも有効

各種Ｏｆｆ-ＪＴの研修は、インフォーマル・ネットワークの構築でも有効です。私自身、人事コンサルティングの仕事のなかで、いくつもの会社に提案し、実際に成果を上げています。

たとえば、「入社5年目の研修」や「30歳、40歳などの節目における社内研修」などの名目で年齢が近しい人を集め、研修会を行います。宿泊を伴う研修でもいいでしょう。全国からメンバーを集めて研修を実施するのですが、大切なのは研修後の懇親会です。一日目には堅苦しかった雰囲気が、夜の懇親会を経て、二日目には目に見えて仲良くなります。

研修後、彼らは全国の現場に散りますが、そこで構築された「直接的な仕事関係のない絆=インフォーマル・ネットワーク」は、彼らに深く刻まれます。そして、インフォーマル・ネットワークが構築されると、縦割り組織では生まれないアイデアが生まれたり、組織への帰属意識が強まったり、誰かがメンタルの問題に直面したときに助け合ったりなど、様々なメリットが生じます。

なかには、自衛隊への入隊体験やキャンプ合宿など、わざときつい研修を行う企業もあります。

【現役社員に対して】

- 「入社５年目研修」「30歳の節目の研修」など
- 運動会、社内旅行などの娯楽的なイベント
- 趣味のクラブ活動の推進や金銭的補助
- 社内SNSの導入などによる、部署を超えた社員の交流
- 「早朝読書会」「勉強会」などの開催や支援

【内定者に対して】

- 「入社前研修」「内定者交流会」「情報交換会」「意識調査」などのイベント
- 「インターンシップ」や「入社前アルバイト」で現役社員や他の内定者との交流
- 相性の良い現役社員同士のマッチング
- 相性の良い内定者同士のマッチング
- 「同じ路線に住んでいる」「同じスポーツをやっている」などの共通点のある内定者による気軽な飲み会

図4－6｜インフォーマルネットワークの構築方法

これらもまた、狙いは「精神を鍛える」ことだけでなく、インフォーマル・ネットワークを築くことです。実施する場合には、その点を強く意識してください。

5章 評価や報酬では納得感を担保する

5・1　なぜ、評価・報酬制度の設計は難しいのか

■評価と報酬にルールが必要な理由

人事において評価や報酬ほど、嫌われ、不満を持たれ、逆に無関心になられたりと、ネガティブな感情を抱かれる制度はありません。サラリーマンの夜の居酒屋での愚痴も、評価や報酬に関するものが非常に多く、人事で最も嫌われている領域と言っても過言ではないでしょう。

それだけ嫌がられているのに、なぜ企業は評価と報酬に関する精緻なルールを決めるのでしょう。理由は、簡単です。企業が儲けた利益を皆で分けなければならないからです。もし、「これからは評価することなく、全員平等に儲けたお金を分けます」と社長が宣言したら社員はどう思うでしょう。多くの人が「そんな理不尽な」と憤るはずです（ごく稀に、評価と報酬がほぼ平等な会社もあります

が……）。つまり企業は、社員からなるべく不満が出ないように、評価・報酬に関するルールを決めなくてはなりません。そしてそれは、当然、人事の仕事となります。

■評価と報酬が持つ根本的な問題

ところが、社員を納得させられる評価や報酬の設計は、簡単ではありません。その理由は、評価や報酬とはいわゆる「外発的動機付け」であることに起因します。

デシという心理学者は、動機付け（モチベート）を、「内発的動機付け」と外発的動機付けの2つに分類しました。簡単に説明すると、内発的動機付けでは「面白いからこの算数の問題を解きたい」といった自らの「内側」から行動のエネルギーを得ます。一方、外発的動機付けでは、「おもちゃを買ってもらえるからこの算数の問題を解きたい」というように自らの「外側」から行動します。

どちらの動機付けにもメリットとデメリットがありますが、現在は内発的動機付けを重視する傾向が強いようです。確かに、内発的動機付けは創造性や専門性の強化につながりやすいという研究結果があるなど、「面白くて」取り組んでいる人と「お金が欲しくて」取り組んでいる人では、前者の方が色々なアイデアが湧きそうな気がします。また、内発的動機付けは一般に、効果が長期的に渡る一方、外発的動機付けは短期的には大きな効果があっても、徐々に効果が薄れていきます。しかも、外発的動機付けは内発的動機付けを阻害します。例えば、「面白いから」と算数の勉強を頑張っている子に、「もし、100点取れたらおもちゃを買ってあげるよ」と外発的に動機付けると、元々持っていた内発的な動機（「面白い」という知的好奇心）が消えてしまうわけです。

このように、外発的動機付けである評価と報酬を全面に出せば、効果が長続きしないだけでなく、社員の内的動機付けを阻害しかねないのです。

■評価と報酬は「空気のような存在」に

そのため、評価と報酬とは、「あ、そう言えば、うちの評価や報酬のルールはこんなだったな」と社員がたまに気付く「空気」のような存在であるくらいがちょうどいいのではないでしょうか。空気はなければ窒息するので、必ず必要です。しかし、存在すれば、人はことさら意識しません。評価や報酬も、この程度がちょうどいいのです。「不満を持たれないくらいの納得度を担保する」ことを目標にしてもいいでしょう。

消極的に聞こえるかもしれませんが、実はそれだけ、評価・報酬制度の設計は難しいのです。どのように設計しても必ずメリットもあればデメリットもあります。デメリットのない、誰もが満足する評価や報酬制度など存在しません。評価と報酬のルールを決めるのは、理想を実現する行為ではなく、不完全であることを承知の上で、最大多数の最大幸福を探る行為なのです。

本章では、評価・報酬制度の設計で何に注意すべきかを考えていきましょう。

5・2　何を評価の対象とするべきか

■評価の対象①：生活

多くの日本企業では、年齢や家族構成、勤務地、住居費／通勤費、雇用形態／前職給与などの生活を評価対象としています。

これらは一見、人材の評価とは直接関係がないように思えます。必要な生活費と業務における能力・行動・役割・貢献とはまったく関係ないからです。同様に、待遇の満足度と仕事の成果もまったく関係ありません。しかし、一定の生活水準を保障することで、社員が「ここで働いていれば安心」と思えば、安心して仕事に邁進してもらう原動力となります。そのため、日本企業の多くは評価の対象に生活を入れています。

なお、生活を評価対象にし過ぎると、変な既得権意識だけが醸成されてしまいかねません。どこまで生活面を考慮するかは、会社の考え方によっても変わってくるでしょう。

■評価の対象②：役割

役割では、担当している業務の難易度・重要度（ジョブサイズ）を評価します。

役割による評価にはいくつかの問題があります。まず、組織における役割は通常与えられるものであり、ある意味、恣意的です。また、与えられる役割は会社の規模や成長度合いと密接な関係があり、会社の成長が止まれば当然、役割の向上も望めません。さらに、役割によって評価すると、「ポスト志向（役職などを求める傾向）が強くない人はあまり評価されません。

そのため、能力による評価を重視すべきとする考え方もありますが、「能力」よりも「役割」の方が定量化しやすいために、人事の現場ではよく使われています。また役割による評価を明示することで、各社員に「より重責を担いたい」と思ってもらえます。現在の日本企業では、役割が評価において大きな比重を占めています。

■評価の対象③：能力

能力は、端的に言えば、社員に「勉強しよう」と思ってもらうための評価対象です。能力では通常、専門スキルやベーシックスキル、知的基礎能力が評価されます。

能力による評価の問題点は、能力が業務に活かせるとは限らないことです。また、能力は一般に、徐々にしか向上せず、しかも下がったという判断が難しいことも問題です。

これは能力の多くが曖昧で定量化しづらいためです。専門スキルは業務のレベルやスピードなどによってある程度測れる一方、ベーシックスキルや知的基礎能力は測りにくく、能力が落ちたと人事担当者が判断しても、本人の納得が得られません。能力による評価の導入には、十分注意する必要があります。

■評価の対象④：行動

行動では、プロセス指標（ＫＰＩ）の達成度合い、プロセス行動の遂行度合い、あるいは単純に労働時間などを評価の対象とします。多くの場合、社員が行動することで、仕事の成果は上がります。つまり、行動を評価することで、各社員の自覚的な行動を促すわけです。

「勝ちパターン」がある程度決まっていれば、行動による評価は容易です。正しい行動、成果につながる行動をどれだけやったかで評価すればいいからです。問題は、勝ちパターンが決まっていないときや勝ちパターンが変化したときでしょう。その場合、社員は、正しい行動を探りながら行動するため、評価が難しくなります。また、正しい行動を過剰に規定すると、行動を柔軟に変更しにくかったり、行動が部分最適したりするため、運用が難しくなるでしょう。

■評価の対象⑤：成果

成果の評価では、業務目標の達成度合いが最も重要な評価対象です。ある意味、最もわかりやすい評価と言えるでしょう。

成果による評価の問題点は、環境要因などによって偶然成果が出ることです。「成果に再現性があるか」がわからないのに評価されれば、評価に対する信頼性を損ないます。また成果ばかりを重視すれば、社員は短期的視野に陥り、未来の売上を先食いする可能性もあります。

しかし「結果がすべて」という言葉があるように、評価対象として最も重要なことに変わりはないでしょう。

■評価の対象⑥：功績

功績の評価は、過去の貢献に報いることで、当人や周囲の長期的な貢献意欲を引き出し、各社員に「頑張ってきてよかった」と思ってもらうために評価します。功績を評価することで、一時的には市場より低い報酬でも、将来報われることを期待して、頑張ってもらえる可能性もあります。功績の評価では、通常、「勤続年数」「リスクテイクの度合い」「過去の評価蓄積」などが評価対象となります。リスクテイクとは、「創業期に入社したこと」や「大幅減俸があるにも関わらず入社した」ことなどです。

成果による評価の問題点は、過去の貢献だけを見て、現在あるいは未来の貢献を見ないことです。たとえば、過去の貢献度は高かったものの、現在はローパフォーマー化している人の給与が高止まりする可能性があります。そのため成果による評価は、給与ベースよりもボーナスなどの一時金に反映することが望ましいでしょう。

以上のように、一口に「評価」と言っても、業務に直接関係するもの／しないもの、長期的なもの／短期的なもの、本人の努力に左右されるもの／されないものなどの違いがあります。大切なのは、評価される側、すなわち社員の納得感です。人事は多面的に評価することを心がけなければなりません。そうすることで、各社員の納得感を向上させて、企業にとっても従業員にとってもWin-Winの職場をつくるのです。

絶対評価	相対評価
●個人内の目標の達成度をそのまま評価とするもの （「みんな成果をだせば、みんな良い評価」）	●比較母集団を設定し、目標の達成度を相対比較して評価するもの （「成果を出しても、誰かより劣れば評価は低くなる」）
●評点には制限を設けず、純粋に個人内の目標達成で評価をつける	●持ち点や平均点などの規制を設け、ある一定範囲内に全体の評点が納まるようにコントロールする

図5−1｜「絶対評価」と「相対評価」の特徴

5・3　絶対評価と相対評価

■絶対評価と相対評価の違い

評価を考える上では必ず、「絶対評価にすべきか、相対評価にすべきか」が問題になります。事前に定めた個人の目標達成度などをそのまま評価とする「絶対評価」に対して、「相対評価」では、比較母集団（つまり、評価における競争相手）の中での相対的な順位によって評価します。では、どのようなときに絶対評価を選び、どのようなときに相対評価を選ぶべきでしょう。

絶対評価と相対評価の大きな違いは、評点に対する制限の有無です。つまり、全員が想定よりも高い成果を出せば、全員に良い評点を付けるのか（制限しない）、それとも全員が高い成果を出しても順番を付けるのか（制限をする）です。絶対評価では、評点に制限を設けず、純粋に個人の目標達成度で評価します。一方、相対評価では、個々人の持ち点や組織の平均点などの制限を設け、全体の評点を一定範囲内に収めます。

■実際には、相対評価がほとんど

絶対評価と相対評価のメリット／デメリットは図5－2の通りです。見ればわかるように、絶対評価のメリット欄と相対評価のデメリット欄が大きく空いています。これは、「相対評価が絶対評価よりも優れている」ことを意味するわけではありません。また絶対評価と相対評価のどちらか一方を採用しなくてはならないわけでもありません。実際、多くの企業は両方を使い分けて、総合的に評価を下しています。大切なのは、それぞれの特徴やメリット・デメリットを理解した上で使い分けることなのです。

絶対評価の最大の問題は「報酬総額が上がりすぎる」ことです。これは、企業にとって死活問題にもなるため、多くの企業は相対評価を選んでいます。逆に言えば、絶対評価を採用する企業には、ある程度の財務的な余裕が必要です。社員を高く評価し、高い報酬を支払うのは素晴らしいことですが、その結果、企業がつぶれては元も子もありません。

それを回避する方法が一つあります。評価制度は絶対評価で運用し、報酬制度は相対評価で運用するのです。このように、それぞれのメリット、デメリットも踏まえて現実的な運用法を考えなければなりません。

	絶対評価	相対評価
メリット	●期初に設定した**目標の達成度＝評価**となり、わかりやすい ●（目標難易度が調整されていることが前提となるが）、評価者の間ですりあわせをする必要度が少なく、**作業の手間が少ない**	●**評価高＝報酬ＵＰ**となり、わかりやすい ●一定の母集団内で比較検討するプロセスがあるため、**評価者の評点傾向を補正する**機会がある（よりフェアな評価となる可能性がある） ●環境変化が激しい場合、**目標難易度の調整がしづらいが、それを事後的に修正しやすい**（期初に簡単と思っていた目標が難しかったりする場合など）
デメリット	●高い評価を即報酬に結び付けると、報酬総額が上がりすぎる場合がある ●逆に、**評価高≠報酬UP**となる場合を作ると、納得感を得られない場合がある （「評価は高いのに、なぜ報酬は上がらないのか」） ●比較的自由に評点をつけられるため、**評価者の評点傾向**（厳しい／甘い、分散／中央化等）をそのまま反映しやすい ●**目標難易度の調整が正確でないと、不公平が生じる**場合がある（難しいと思っていた目標が実は簡単であった……等）	●期初に設定した目標を達成しても、**他者との相対比較でもっと達成度の高い人がいれば、評価が低くなってしまう**ことで納得感が得られない場合がある ●制限枠内において評価者間で評点を取り合う構図となるため、**評価作業に負荷**がかかる

図5－2｜「絶対評価」と「相対評価」のメリット・デメリット

5・4 最も一般的な評価制度＝目標管理制度

■評価制度として比較的自由度が高い

現在、多くの企業が「目標管理制度（MBO）」に基づいて、社員評価を実施しています。では、目標管理制度を導入することには、どのようなメリットがあるのでしょう。

目標管理制度は元々、ドラッカーが提唱した「目標による管理と自己統制」という概念から生まれたマネジメント手法です。目標管理制度では通常、マネージャーとメンバーが話し合って事前に一定期間ごとに目標を設定し、期間終了後に目標の達成度合いによって評価します。目標管理制度の導入により、「①自律行動の促進」「②改善点の明示」「③納得度の向上」などの効能が望めると考えられています。

日本企業の多くは現在、目標管理制度と評価報酬制度とを一体的に運用しています。すなわち、半年や1年などの期間を決めて、その期内で達成すべき目標を設定し、目標の達成度合いに応じてSやAなどの段階的な評点を付けて評価し、それに応じて報酬額を決めるのです。目標管理制度は、何を目標に設定してもよいため（何を評価対象にしてもいいため）、運用の自由度が比較的高く、これが制度を導入する企業が多い理由の一つとなっています。それ以外にも目標管理制度の導入には、様々なメリットがあります。以下で、簡単に説明しましょう。

■目標管理制度のメリット①：自律行動の促進

目標管理制度導入のメリットの一つが、「自律行動の促進」です。マネージャーとメンバーが仕事の方針・目線を一致させるには、目標を「明確化＝言語化」しなくてはなりません。目標を言語化すれば、メンバーはすべてをマネージャーにお伺いを立てる必要がなくなり、マネージャーもメンバーの行動を一々管理する必要がなくなります。目標設定のコミュニケーションコストが上がる代わりに、日々のコミュニケーションコストが下がるわけです。

また一々管理されなくなったメンバーには、内発的動機付けに基づく自律的行動が増え、創造性を発揮する効果が望めます。こうした効果を上げるためにも、目標は、無理強いではなく、十分擦り合わせて設定する必要があります。

■目標管理制度のメリット②：改善点の明示

目標管理制度には、「改善点の明示」という効能もあります。つまり、仕事上の重要な目標についてマネージャーとメンバーが話し合う機会を定期的に設けることで、マネージャーがメンバーに日頃から改善してもらいたい点を伝えやすくなるのです。

これは、日本の組織では特に重要な効能かもしれません。ところが、一度でも上司の立場に立ったことがあればわかると思いますが、部下にやる気を出させることと厳しく注意することを両立させるのは容易ではありません。また、『異文化理解力』（エリン・メイヤー著、英治出版）という書籍によれば、日本人はタイ人と並んで、世界で最も直接的なネガティブ・フィードバックを嫌う民族だ

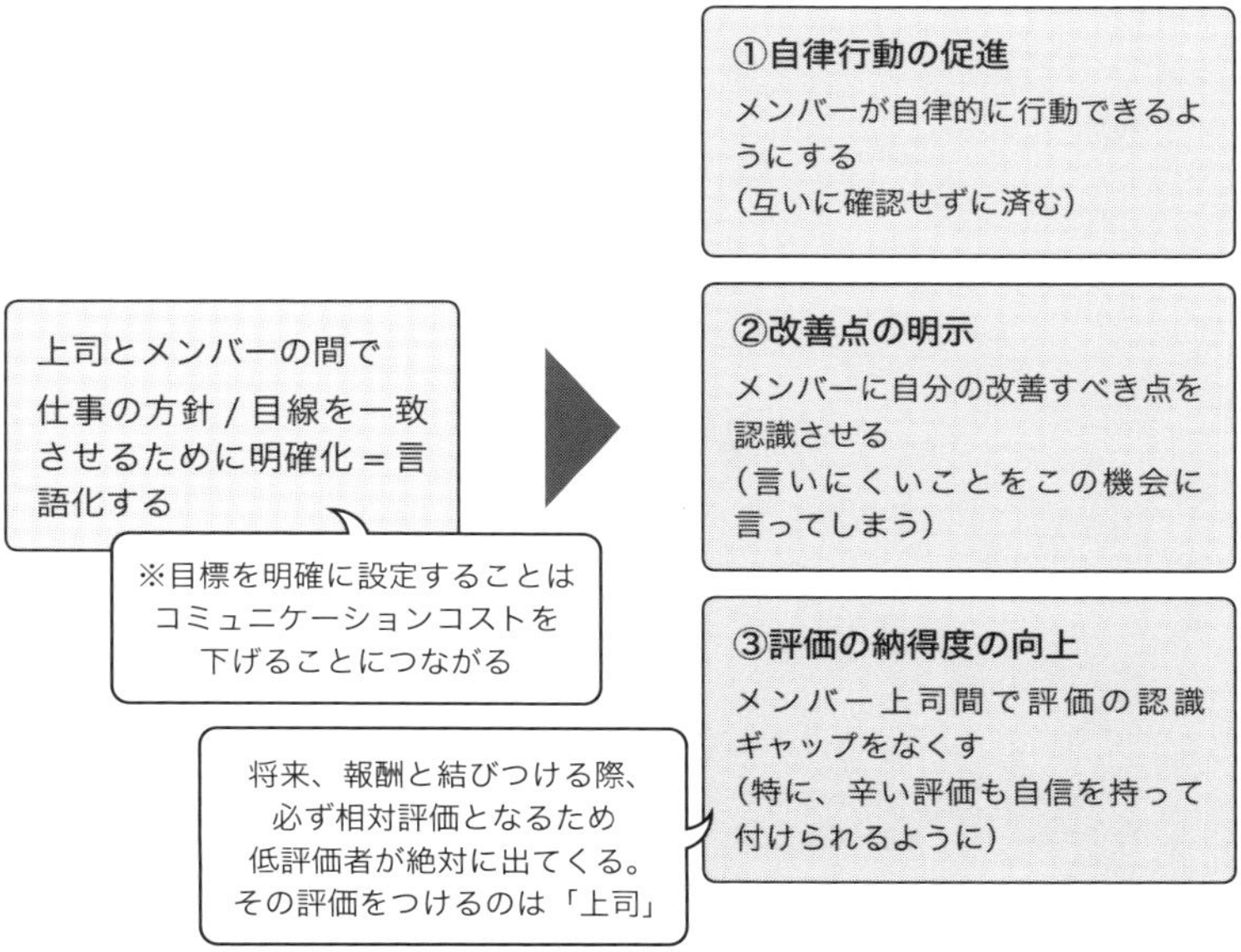

図5－3｜明確な目標設定が必要な理由

そうです。そんな日本人のマネージャーも、目標管理制度で設定された「場」の力を借りれば、メンバーに対するネガティブ・フィードバックを伝えやすくなるのです。

■目標管理制度のメリット③：納得感の向上

目標管理制度導入のもう一つの大きなメリットは、評価に対する「納得感の向上」です。

「この事業が何とかうまくいくように頑張ろう」くらいの曖昧な方向付けのみで仕事を進めて、事後に「君の貢献度はこれくらいだから、これくらいの評価で、こういう報酬になる」と言われて、社員がどこまで納得するでしょう。マネージャーとメンバーとが日々密にコミュニケーションを取っていれば、こうしたボタンの掛け違いが起こる可能性も低くなります。

ただし、納得感の向上は実際にはなかなか難しく、目標管理制度を導入したからと言って、誰にでもできることではありません。事前に達成基準を明確にしておけば、評価に対して「グウの音」も出ないようにはできるでしょう。ただしグウの音も出ないことと心から納得していることとは、まったく別物です。口で文句は言わなくとも胸の内で納得していなければ、パフォーマンスは下がります。達成基準を明確にすれば、日々のコミュニケーションが不要だというわけではないのです。

5・5　目標管理制度導入で注意するべきこと

■運用の自由度が高過ぎる

目標管理制度は、期初に「何らかの」目標や達成基準を定めて、期末時の達成度合いによって社員を評価する、極めて自由度の高いマネジメント手法です。自由度が高く、どのようなことでも目標に設定できます。「やったか＝行動」も目標にできれば、「できたか＝成果」を目標にしてもいい。売上も、育成も、何でも目標に設定できるわけです。

「目標は何でもいい」となると、設定側は選択に悩みます。これは、「作文のテーマを自由に選んでいい」と言われると筆が止まるのに似ています。端的に言えば、設定側に「テーマ設定能力」がなければ、導入できない制度なのです。目標管理制度を導入すると、各マネージャーの「テーマ設定能力」が明らかになります。そして、「業務生産性の向上」程度の目標しか設定できなければ、目標管理制度のメリットは享受できません。

■評価報酬制度との一体運用では厳密性が求められる

現在、多くの日本企業は、目標管理制度と評価報酬制度を一体的に運用しています。そのため、目標管理制度の運用には高い厳密性が求められます。個々のメンバーが具体的かつバラバラな目標を立てると、全体のレベル感が合わなくなるためです。

評価報酬制度と一体運用する場合、目標管理制度における目標は、報酬や等級制度などと紐づけなければなりません。「高い目標レベル＝高い報酬」「低い目標レベル＝低い報酬」となるべきで、そうでなければ、制度上不公平になります。しかし現実には、前職での給与から高い報酬をもらっている中途採用の社員にいきなり高い目標を設定するのは難しいでしょう。また期待の新人には、高い目標を設定した方が本人のためであるのは自明でも、高い目標が報酬とリンクしなければ制度上の不公平につながります。このように、目標管理制度と評価報酬制度を一体的に運用する場合、育成目標を別途設定するなど、運用に工夫が必要なのです。

■評点の規制がしばしば困難

目標管理制度の最後の問題は、「Sを何％、Aを何％にするか」という「評点の規制」です。
育成や業務の目標管理だけであれば、事前に立てた目標が達成できたかで評価すればいいでしょう。しかし、評価報酬制度と連動させると、話が変わってきます。企業が報酬に使える原資には限りがあるからです。たとえば目標を低く設定し過ぎると、S評価が大量に出現し、報酬の原資が足りなくなります。つまり目標管理制度と評価報酬制度を一体運用していても、結局、報酬額は「目標を達成できたか」ではなく「他のメンバーと比較してどうか」で決まるのです。もちろん理論的には、目標設定が正確なら、報酬も正しく設定されることになりますが、現実にはそれは難しく、評点の規制はある程度必要になります。

評点は規制せずに付けて、評価に基づく報酬の増減額を調整する方法もあります。しかしこれでは、一体運用している意味がありません。しかも、「せっかくS評価を取ったのに昇給額が低い」という不満につながりかねません。

どの制度もそうですが、目標管理制度にもメリットもあればデメリットもあります。運用次第で、成果が上がることもあれば、上がらないこともあるでしょう。目標管理制度は何でも入れられるハコのようなものです。自由度が高いだけに、運用のレベルで成否が分かれる人事制度です。導入にあたっては、マネージャーやメンバーの育成コストがかかることを覚悟しましょう。

5・6 上司以外も評価する「360度評価」

■客観性・公平性の担保と人材育成

これまで日本企業では、上司だけが直属の部下を評価する評価手法が一般的でした。しかしこの手法では、例えば専門性の高いエンジニアをビジネス系の上司が評価する場合など、部下の納得感が低くなり、モチベーションの低下につながるケースも少なくありません。そのため近年、こうした問題を抱える企業を中心に「360度評価」の導入が進んでいます。

「360度サーベイ」「360度フィードバック」「多面的評価」などとも呼ばれる360度評価は、被評価者を取り囲む上司、部下、同僚、顧客など、複数の関係者が評価する評価手法です。上から下でなく、取り囲む全員から評価されるため、「360度」といった名称が付いています。上司からの一方向の評価ではなく多面的な評価であるため、より客観的な評価結果が得られます。最終的な評点は通常、周囲の人からの評点の平均点、上司からの評点を重みづけした加重平均など、組織の考え方に応じて算出されます。

360度評価導入の目的は、身近なところで一緒に仕事をしている同僚などが評価することで、評価の客観性・公平性を担保することです。

大きな組織では、ある部門の長に、横滑り的に他部門出身者が就くことは珍しくありません。営業部のように成果が数字で見える部署であれば、そうした上司でも評価は難しくないでしょう。しかし、たとえば他部門出身者がITエンジニアをマネジメントする場合、プログラミング経験がな

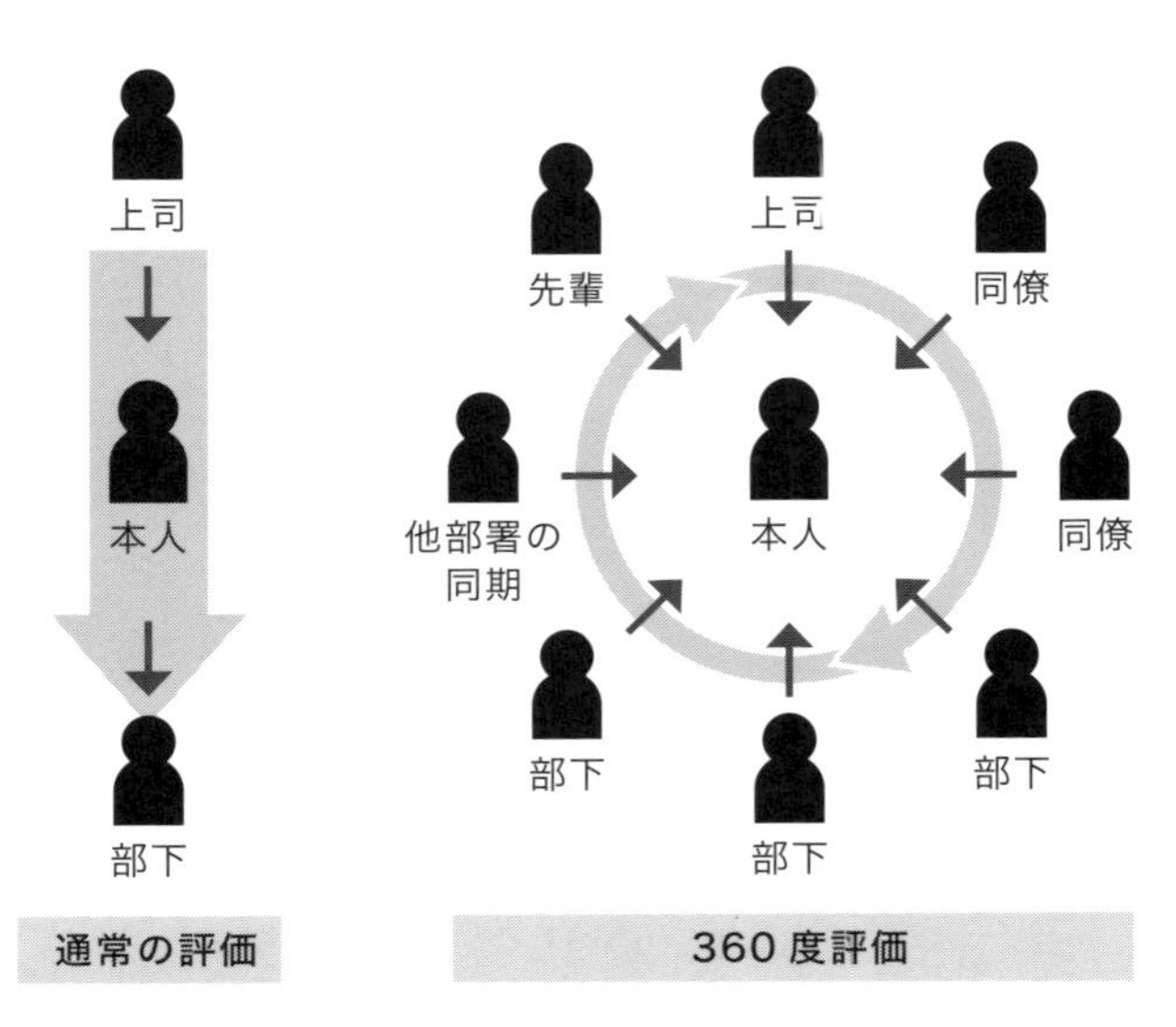

図5−4｜360度評価

く、現場も知らないのに、エンジニアとしての能力を正しく評価できるでしょうか。こうしたとき、「上司以外の同僚や部下にも評価してもらう」、つまり360度評価を使えば、「数字化しにくい能力」「判断しづらい能力」も、ある程度正しく評価できます。

「一般社員がきちんと評価できるのか」と360度評価に負のイメージを持っている人も少なくありません。もちろん、それは懸念すべき点ですが、導入企業の多くでは、上司が単独で評価する場合よりも納得度が高くなっているようです（そうでない企業は360度評価をやめていますが……）。さらに言えば、360度評価は、人事評価だけでなく「人材育成」「組織開発」の面でもメリットがあります。多面的な評価を本人にフィードバックすることで、育成を促すと同時に、「その人の持つネットワーク＝社内ソーシャルグラフ」も把握できるからです。

■360度評価における評価の対象

360度評価の対象として多いのは、「管理職層」「専門職層」「行動規範＝バリュー」「周囲からの評価のフィードバック」の4つです。それぞれ、解説しましょう。

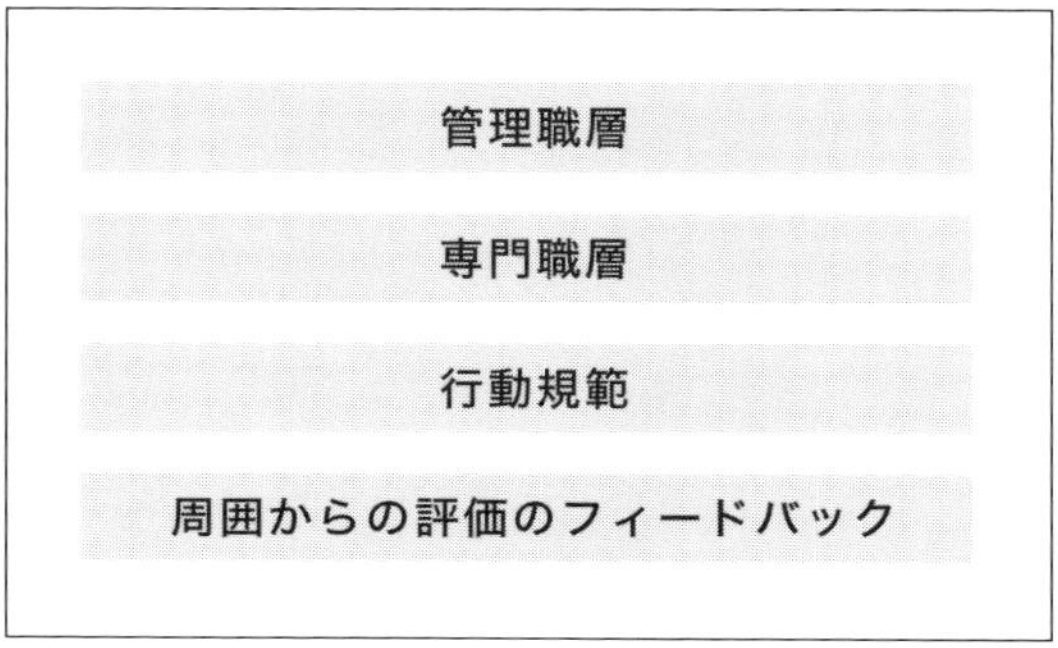

管理職層

専門職層

行動規範

周囲からの評価のフィードバック

図5－5｜360度評価の評価対象

まず、管理職層です。管理職層の上司たちは、自身が忙しいために、部下の日頃の行動があまり見えていません。そのため、管理職層に対する評価の精度はあまり高くないことが多いのです。むしろ、管理職の部下の方が、上司の日頃の行動をよく見ています。そのため、管理職層の360度評価はしばしば極めて有効に機能します。管理職には少なからずリーダーシップ、すなわち部下を惹きつけることが求められます。部下から評価されるということは、管理職層の評価方法として妥当なのではないでしょうか。

もう一つ多いのは、専門職層です。ITエンジニアの例で解説した通り、専門職層の上司が、部下の専門性を完全に理解していないケースは珍しくありません。そのようなときには、上司だけが自信のないままに無理やり評価するのではなく、周囲の同じ専門職の同僚が評価することで精度や納得度を高めるのです。

行動規範の評価にも、360度評価はよく使われます。行動規範とは、GEにおける「GEバリュー」のように、その会社が自社の社員に取ってほしい行動や体現してほしい価値観です。行動規範は、目標管理制度のように具体的な達成基準が明確でないため、評価が難しくなりがちです。そこで、周囲の評価を利用するわけです。これには、成果につながらない取り組みを評価する狙いもあります。評価対象者が実績を上げている場合、成果を評価するだけでも十分です。しかし、成果につながらない場合は、周囲の目で取り組みのプロセスを評価するのです。

また「その人が、何ができていて何ができていないか」、すなわち「周囲からの評価のフィードバック」を得るためにも360度評価は使われます。一般に自己評価は周囲からの評価よりも高いため、360度評価を実施して、自己評価とのギャップを評価者にフィードバックすることで、評価対象者の内省を促します。

5・7　リアルタイム・フィードバックは有効か

■「GEショック」で話題になったリアルタイム・フィードバック

2016年、米GEは定期評価を廃止し、リアルタイムに評価をフィードバックする制度に切り替えました。これにより、日本でも定期評価の是非に対する議論が起こったのです。「半期や1年など比較的長期の人事評価＝定期評価」を疑問視する背景には、「こうした評価がパフォーマンスの改善につながっていない」という認識があります。つまり、「1年前にやったことを『あれ、良かったね』と今頃言われても……」と感じる定期評価の有効性を、多くの人が疑っていたのです。

しかし、このリアルタイム・フィードバックは実現できれば利点が大変多いものの、すべての会社で実施できるかは疑問です。GEのような強力なマネジメント体制があれば話は別ですが、半期での人事評価もきちんとできていないマネージャーが多い日本企業において、さらに難易度の高いリアルタイム・フィードバックをいきなり実施するのは難しいからです。それができるマネージャーは言われずともすでに実施しているはずです。もちろん、会社として実施すると決めれば、それに近いことは行われるかもしれません。しかし、強制的に実施されるリアルタイム・フィードバックの質が高いかも疑問です。

■日本人の国民性に合わない？

また、米国人に効果があるからと言って、日本人に有効かも疑しいと思っています。国民性がまったく違うからです。『異文化理解力』（エリン・メイヤー著、英治出版）によれば、日本人はタイ人と並んで、極めて「ハイコンテクスト＝空気を読んで行動する」国民性を持っていて、直接のネガティブ・フィードバックを好みません。苦言したがらない国民性と言ってもいいでしょう。

自分自身、日々、この傾向は感じています。部下に好ましくない行動があっても、なかなかリアルタイムに指導できません。「たまたまかもしれない」「誤解かもしれない」「魔が差しただけかもしれない」などと自分を納得させるのです。そして長期に渡りそうした行動が見られた場合にのみ、評価面談という「枠」を利用して「あなたの日頃のこういう行動を改善してほしい」とフィードバックしています。「ネガティブなことも言う場」という共通認識がある評価面談でなければなかなか口に出せないのが、多くのマネージャーの本音ではないでしょうか。つまり定期評価をなくせば、自ら「枠」を作らなくてはならなくなり、苦言を伝えるハードルが上がってしまうのです。

■「給与を決定するため」という定期人事評価の側面

別の観点から見ましょう。定期人事評価の目的はパフォーマンス改善だけではありません。給料額を決定するという目的もあります。

定期人事評価を実施しないのであれば、どうやって給料額や昇給額を決めればいいでしょう。一つの方法は「原資をマネージャーに預けて、マネージャーが配分する」ことですが、どんな人でも、人事評価にあたり様々な心理バイアスがかかります。制約条件なしに原資を預ければ、「えこひいき」が起こるかもしれません。逆に言えば、評価者に評価面談における説明責任を課すことは、こうした心理バイアスを減らす狙いがあるのです。

■導入には、相応の覚悟が必要

リアルタイム・フィードバックを否定しているわけではありません。むしろ、きちんと取り組むのであれば、理想的な方法だと思います。

ただ、人事の世界に限りませんが、こうした流行(はや)り言葉は一種の思考停止を生みがちです。「定期人事評価はダメ」と短絡的に考えて一気にリアルタイム・フィードバックを導入すれば、失敗する可能性が高いことを懸念しているに過ぎません。

日本でも、旧来の定期評価からリアルタイム・フィードバックへと移行していく企業もあるでしょう。ただこれは、相応の覚悟がないと導入できない骨太な施策です。それを理解した上で導入してください。

5・8　報酬は経営者の意思で決まる

■金銭的報酬、つまり給与は「決め」でしかない

人事制度のうち、評価や等級（グレード）設定などは、これまで述べてきたように理論に基づいて、比較的確信を持って決めることが可能です。しかし、月例給や賞与、福利厚生、退職金・年金などの金銭的報酬、つまり「この人がいくらもらうべきか」は、最終的に経営者の「意思」で決まります。突き詰めれば、金銭的報酬には理由がないからです。利益率の高い会社が、社員の報酬を高く設定しているわけではありません。赤字のスタートアップ企業に務めるエンジニア、衰退しているオールド企業の古参社員などは、会社の利益率とは関係なく高い報酬をもらっていることもよくあります。

「給与テーブルがこうなっていて、こういう評価ならこういう金額になる」というのは説明ではありません。「では、なぜそのような給与テーブルなのでしょう?」「市場価値はそのように設定さ

れているのでしょうか？」などの質問に対しては、結局のところ、「そういう仕事はそういう報酬の人が多いから」と答えるしかなく、科学的な根拠などないのです。ある意味、ニワトリとタマゴの関係と言っていいかもしれません。

では、給与水準はどのように設定すればいいでしょう。「これ」といった答えはないものの、給与を設定するにあたって考慮すべき要素はあります。すなわち、「労働分配率をどのぐらいに設定するか」「平等にするかメリハリをつけるか」「賃金カーブをどうするか」「市場価値か社内価値か」の４つです。

労働分配率をどのぐらいに設定するか

平等にするかメリハリをつけるか

時間軸をどう考えるか

市場価値を基準とするか
社内価値を基準とするか

図5－6｜給与設定にあたり考慮するべき要素

■労働分配率をどのぐらいに設定するか

会社が人件費に回せる原資には限りがあります。売上総利益のうち人件費に充てる割合は「労働分配率」と呼ばれていますが、それをどのくらいに設定するかが最初の判断です。

労働分配率の全業種平均は50～70％程度ですが、業界ごとに見るとかなりバラつきがあり、同じ業界でも企業によってバラバラです。利益率が低いのに給料が高かったり、その逆だったりと、どこを見ても「このぐらいにすべき」「これが正しい」という確固たる根拠などあり

業界	全産業	建設業	製造業	卸売業	小売業
労働分配率	71.8%	80.8%	72.9%	69.1%	70.1%

※労働分配率（%）＝人件費 / 付加価値 ×100

図5－7｜業界別の労働分配率（中小企業庁発表）

ません。

少なくとも、労働分配率を上げれば、社員数が変わらない限り、個々の社員の報酬は高くなり、その分、社員のモチベーションは上がるはずです。しかし経営的には、高い労働分配率は、低い利益率と、内部留保や投資額の低さにつながり、自社の将来性を損ないかねません。そうした「トレードオフ」のなかで、自社の状況から落としどころを決めるしかないのです。

■平等にするかメリハリをつけるか

労働分配率を決めれば、給料の原資が決まります。それを社員全員で分けるわけですが、ここでも、「平等にするか」「メリハリをつけるか」を決めなくてはなりません。メリハリをつける場合には、実力や成果による格差を容認することになります。

メリハリをつければ上位層は浮かばれますが、下位層には評価に納得しない人が増えるでしょう。成果を出せない人や仕事にミスマッチな人が辞めることは、マイナスではないかもしれませんが、退職率は上がるでしょう。

一方、全員に平等に配分すれば、評価の意味が薄れ、頑張っている人は納得しません。ともすれば、優秀層が退職したり、モチベーションを下げたりする可能性もあります。

つまり、どちらに比重を置くかは、どちらが組織の生産性を上げるかの判断に応じて決まってくるため、これもまた決めの問題なのです。

■賃金カーブをどうするか

「何歳（あるいはどの等級）の人にどれくらいの給与を払うか」、すなわち「賃金カーブ」の設計も大きな問題です。

考え方は大きく、「最初にドンと上げて、徐々に上がらなくなる」パターンと「徐々に昇給の上がり幅が増えていく」パターンの2つです。何年、何十年という期間に支払う総額が同じなら、先払いするか後払いするかの違いとも言えるでしょう。

先払いでは、入社時給与が高く見えるので採用しやすいものの、一定以上になると給与が上がらないため、転職につながる可能性があります。後払いは、これまで社内に残るインセンティブになると言われていましたが、最近はそこまで我慢できずに、転職する人が増えています。しかも、初任給が低いので、採用面ではマイナスです。

■市場価値か社内価値か

市場価値と社内価値のどちらを重視するかも、重要な判断です。つまり、その社員が外に出たとき、どの程度の給料をもらえるかという市場価値を考慮して給料水準を決めるのです。

転職マーケットが年々大きくなる昨今、市場価値を無視して給与を決めれば、望ましくない退職が頻出します。名もなきベンチャー企業などは、市場価値を無視すれば良い人材を採用できないでしょう。

ただし、市場価値のみで報酬水準を決めるのがいいとも限らないのが難しいところです。市場では希少なものに高値がつきます。しかし、市場的に希少であることと社内的に価値があることは別です。市場価値で判断すれば、「あいつは何で、あの程度の貢献度であんなに高い給料をもらっているのだ?」という不満にもつながりかねません。

このように、給与の問題はトレードオフだらけなのです。

5・9　非金銭的報酬の設計

■非金銭的報酬の設計ではモチベーション・リソースを考える

「報酬」には金銭的な報酬のほか、会社・仲間からの「承認」やチャレンジングな仕事や裁量・権限の付与といった「非金銭的報酬」もあります。一般に、有能な人材ほど、非金銭的報酬が有効です。

非金銭的報酬の設計では、社員の理解が必要になります。特に重要なのは、候補者や社員の「仕事の何にモチベーションを持っているか（モチベーション・リソース）」です。

モチベーション・リソースは一般に、「組織型」「仕事型」「職場型」「生活型」の4つに分けられます。元々は男性に多く、最近、女性にも増えてきたのが組織型の人です。このタイプは社会的ス

組織型

- 帰属組織の社会的ステータス
- 帰属に伴う金銭的な報酬
  （基本給・手当・福利厚生）
- 社内的地位の社会的ステータス
- 社内的地位に伴う仕事報酬
  （裁量権・意思決定権）

仕事型

- 仕事そのものの目的・プロセス
- 仕事の結果への自己評価・足跡
- 経済的な報酬 / 非経済的な報酬
- 個人に蓄積できる知識・技術・人脈
- 仕事の環境

職場型

- 組織・上司の評価
- 仲間との協働の喜び
- 職場・仲間の評価
- 協働的目標達成の喜び
- 社内競争

生活型

- 家族の期待と応援
- 生活が豊かになる実感
- 時間のゆとり・融通
- 休みの取り方の自由度

図5－8｜「モチベーション・リソース」の4つのタイプ

テータスや「地位が高いこと」に喜びを覚えます。職人や研究者や技術者やアーティストなどに多い仕事型の人は、「自分の仕事（作品）を見て喜んでもらうこと」が最も重要です。「お金など二の次」の人も少なくありません。

日本人に意外と多いのが職場型の人で、このタイプは職場に対して一種の「居心地の良さ」を求めます。意外に思われるかもしれませんが、ドライで草食系と言われる最近の若い人たちにも、実はこのタイプが少なくありません。彼らはつねに居場所を求めています。職場だけが彼らの居場所ではありませんが、自分の居る場所を心地良いものにしたい、という気持ちを持っているのです。職場の宴会や社員旅行など、80～90年代以降に廃れた文化が今喜ばれているのも、これが理由です。そして生活型の人は、たとえ給料が多少低くても、家族との時間やゆとりを重視します。

では、どのように候補者や自社の社員のタイプを把握すればいいのでしょう。答えは簡単です。面談のときなどに、本人に直接聞けばいいのです。この手の質問に対してガードが硬い人は稀でしょう。「給料が高いほうがいいのは決まっているけれど、あなたは他に何を重視しますか」と聞いてもよいかもしれません。相手のモチベーション・リソースを理解できるだけでなく、相互理解にもつながります。

生活型の人が多ければフレックスタイム制や時短勤務制度を導入したり、職場型の人が多ければ職場の食事会や飲み会を会社として支援したり、仕事型の人が多ければ新規事業提案制度の導入を図ったり、組織型の人が多ければ社内表彰制度を積極的に使ったりなど、様々な要素が非金銭的報酬として活用できます。非金銭的報酬を導入することで、原資をほとんどかけることなく、社内を活性化することができるのです。

5・10 昇給／降給制度を設定する

■絶対額決定制と昇給額決定制の特徴

金銭的な報酬のうち、「昇給／降給の方法論」は、大きく「絶対額決定制」と「昇給額決定制」の二つに分けられます。報酬額のアップ・ダウンが激しい絶対額決定性に対して、昇給額決定制は昇給額がゆるやかになるなど、２つの昇給／降給制度は性格が異なります。では、どのような基準

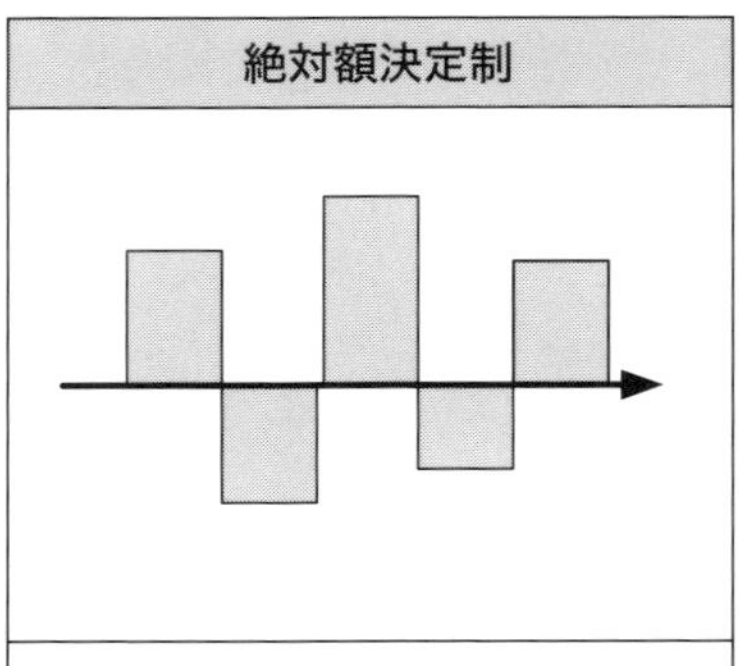

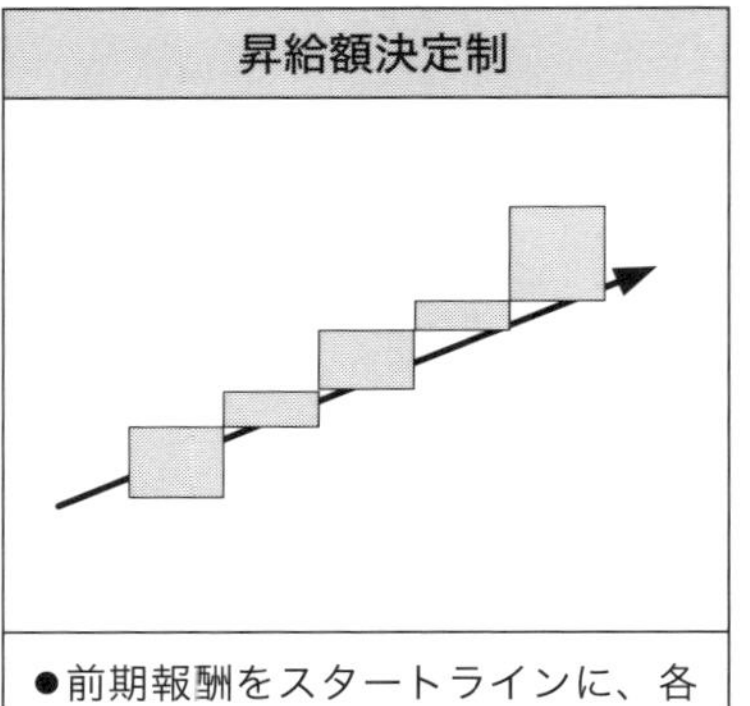

特徴	絶対額決定制	昇給額決定制
	●該当グレードの基準値を中心に評価によって期毎に上下する **（アップ・ダウンが激しい）**	●前期報酬をスタートラインに、各期の評価によって昇給額を決定 **（緩やかな上昇傾向となる）**

図5－9｜「絶対額決定制」と「昇給額決定制」のイメージ

で自社の報酬制度を決めればいいのでしょう。

図5－9に示した通り、絶対額決定制ではあらかじめ定められた該当グレードの基準値を中心に、評価によって期毎に報酬が上下します。そのため、報酬額のアップ・ダウンが大きくなりがちです。

一方、昇給額決定制では、前期の報酬をスタートラインとし、各期の評価によって随時、昇給額を決定します。そのため、報酬額は一般に緩やかに上昇するのです。

また絶対額決定制では、給与の引き下げが容易な一方で厳密なグレード設計が必要となり、昇給額決定制では報酬総額の予測が比較的容易な一方で一度上がった給与を下げにくくなるなど、様々なメリット・デメリットが存在します。

■価値観や風土などと合った昇給／降給制度

どちらの制度が優れているわけではありませ

	絶対額決定制	昇給額決定制
特徴	●グレードごとにテーブルを作成しておき、定期評価によって次期の報酬絶対額が決まる （例：「S評価は700万円」等）	●現在の報酬からの昇給率が定期評価によって決まる （例：「S評価は5％UP」など）
メリット	●テーブルを固定とし、評点の規制を厳密に行えば、簡単に**総額人件費をコントロールできる** ●**給与の下方硬直性が無く**、評価によって個々人の報酬は上がったり下がったりする ●成果を出した際には大幅に昇給させることができる（**「時価」**的） ●給与計算などの**人事側の作業が楽**	●給与変動が緩やかな上昇基調となるため、社員は比較的容易に**報酬を予測**できる（比較的穏やかな制度である） ●時間をかけて知識やスキルを積み重ねていき、比例して成果も上がるような業務については**実感に合う** ●個々人の現在の報酬水準がグレード内でもばらつきがあるため、**現行制度の延長として導入しやすい**
デメリット	●**厳密なグレード設定が必要** ●現状での各人の報酬ベースがグレード内でもばらばらで、テーブルを導入する際、一気に同一グレード同給与にする調整を行うことになり、コンセンサスを得るのが難しい ●**一度上がった給与を下げることは、心理的にはマイナスの印象を与える**ため、モチベーションダウンにつながることもある（比較的ドラスティックな制度である）	●現在生じている報酬と職務難易度の不一致を**一気には是正しにくい** ●**給与の下方硬直性**があり、一度上がった給与を下げにくくなる（減給を制度として組み込めばその限りではない） ●そのため、成果を出した際にも大幅な昇給をさせることが難しく、**小刻みに昇給させることになる**（「時価」的に評価を報酬反映できない） ●**総額人件費の予測が若干煩雑で難しい**

図5－10｜「絶対額決定制」と「昇給額決定性」のメリット・デメリット

ん。自社の風土や規模、業界や業種などに応じて選びましょう。

絶対額決定制を採用するのは、社員を「時価評価」したい、もしくはしなければならない企業です。具体的には、外資系企業やベンチャー企業など、「人の流動性が高い」企業の多くがこれに当てはまります。時価評価する企業では、現在の成果に対して見合った報酬を支払います。人材の流動性が高い業界であれば「成果に見合った報酬がもらえない」とすぐに退職するため、時価評価せざるを得ないのです。外資系企業やベンチャー企業に入る人は、日系の大手企業に入る人よりも比較的ハイリスク・ハイリターンを狙うチャレンジングな傾向が高いため、特に時価評価が重要になります。彼らは成果が出ないときには大幅に報酬が下がる覚悟を持っているため、絶対額決定制の給与体系を敬遠しません。

これに対して、昇級額決定制を採用するのは、社員を時価評価する必要がない、あるいは社員が望まない企業です。具体的には、日系大手企業や歴史ある中小企業の多くがこれに該当します。こうした企業の社員は報酬が乱高下することを望みません。仕事上のチャレンジはしても、自分の生活を不安定にする金銭的リスクは取りたがらないのです。そのため、成果が出たときに突出した高い昇給が必要ない代わりに、成果が出なかったときにも大幅な減給がない昇級額決定制を好むわけです。

つまり、どちらを選択するかは、報酬原資ではなく、社員の心理的志向によって決まるのです。私も、顧客企業の報酬制度を検討する際に最も重視するのは社員の志向、会社の社風・文化です。インタビューしたり、全社員にパーソナリティテストを実施したりした上で、「彼らはどちらを望むか」を考え抜きます。

5・11 評価面談での納得感を高める

■結果と理由を同時に確認できる

「評価」と「報酬」はある意味ブラックボックスとなっているため、しばしば社員から不信感を抱かれがちです。そのため、評価と報酬を伝えるにあたり、マネージャーや人事担当者は細心の注意を払う必要があります。

重要なのは、「今回の評価がどのような結果になったか」「その結果、報酬にどのような影響があるか」を対象者にきちんと説明できるよう事前に確認しておくことです。評価と報酬が上がったのか下がったのか、上下幅がどの程度かなどを、その根拠も含めてきちんと確認し、評価対象者が不満を持ったときにも、きちんと納得させられるようにしておく必要があります。特に、評価の根拠である具体的事実は、評価対象者の発揮した能力と成果との関係も含めて、できる限り定量的に押さえましょう。

当たり前と思われるかもしれませんが、事実の誤認・見落としや思い違いは、人事評価や上司に対する信頼を根底から揺さぶりかねません。評価の確認にあたっては、つねに評価に対して心理バイアスが発生していないかも自問自答する必要があります。

■メッセージ内容は事前に検討する

評価や報酬を伝える際には、「メンバーにどのようなメッセージを伝えたいか」も検討します。メッセージの数は多過ぎると伝わらないので、ある程度絞り込みましょう。数個程度が効果的です。称賛するべきポイント、ダメ出しするポイント、今後期待するポイントも考えておきましょう。そして、評価や報酬との関係を明示するのです。

またメッセージには、短期的な業務に関する要望だけではなく、長期的なキャリアの視点も入れましょう。「あなたが将来こうなりたいと思うのであれば、今の仕事でここまでやるといいよ」「長期的にこのポジションになると、この程度の報酬を得られる」などをきちんと伝えるのです。これは、非常に重要なポイントです。

評価や報酬を伝える場は、いわば「言うべきことを言うチャンス」です。「ネガティブなことを言いにくい国民性」の日本人は、その貴重な機会を逃してはいけません。ただし、言い方には十分注意しましょう。対象者は、評価者の一言一句に敏感に反応するものです。刺激的や曖昧過ぎる言葉を不用意に使ったりしないなど、用語の選定にも十分気をつける必要があります。

■ゆったりと向き合える時間と場所を確保する

時間と場所の選定も、非常に重要です。対象者が十分リラックスして、ゆったりと向き合って話ができる時間・場所を確保しましょう。バタバタと最小限の情報だけを伝えるだけでは、折角の面接の機会が台無しになりかねません。時間は、少なくとも1人につき30分から1時間程度は確保します。場所は人目が気にならない、音が漏れない会議室などがいいでしょう。

社員にとっても、評価面談は大変貴重な機会です。彼らの「自分を重要な存在として扱ってくれている感覚」を損なわないように、可能な限り誠実に対応できる空間や時間を用意しなければなりません。

人から評価されるのは、誰にとっても愉快なことではありません。特に低い評価を受けて、報酬が下がれば、腹を立てたり、不満に思ったりするものです。評価面談は非常にセンシティブな場面であることを肝に銘じてください。

PART

採用のセオリー

6章 採用計画はどのように立てるのか

6・1 「要員計画＝採用計画」ではない

■採用計画は要員計画の枠の中で捉える

企業は、「要員計画」を実現する一つの手段として「採用計画」を立てます。要員計画とは、「一定期間において必要な人員を確保するための計画」です。人事担当者は、人材ポートフォリオ実現のため、事業、部署、階層、職種、パーソナリティ、スキルセットなど様々な視点から、部門ごとの要員計画を立てるわけです。

ただし、要員を確保する手段は「採用」だけではありません。他にも「育成」「配置」「外部委託」などの手段が考えられます。

採用＝外部から必要な人員を獲得する

育成＝自社人員の能力・スキルを開発する

配置転換＝自社人員の配置を転換する

外部委託＝要員の一部または全部を外部に委託する

図6－1｜要員計画の手段

■要員計画の手段には優先順位がある

このうち、企業として優先順位が高いのは、最も簡単でコストもかからない配置転換です。次に優先順位が高い育成は、コストは抑えられる一方で、時間がかかり即効性はありません。採用はコストも人材リソースも必要ですが、要件を満たす中途人材を採れれば、即効性があります。外部の要員に業務を委託する外部委託では一般に、表面上のコストが膨らみます。ただし繁閑の差異が激しい業務では、中長期的にコストが抑えられる可能性もあります。常時専任の人員を確保する必要がないためです。

では、どのように要員計画を立てればいいでしょう。一般に、要員計画の検討は、人員の調達手段の検討から始まります。適切な手段がその時々の制約条件で変わるからです。例えば、コア業務であれば、できるだけ内製化するという判断もあるでしょう。即効性重視なら、育成よりも他の手段が適切になるでしょう。その上で、採用以外で獲得できない人員や採用での獲得が望ましい人員について、採用計画を立てるのです。

6・2 求める人物像を設定する

■演繹的アプローチか帰納的アプローチを使う

要員計画を立て、採用で獲得すべき人員が決まったら、人材ポートフォリオに基づいて、「求める人物像」を設定することになります。その際に使われるのが、「演繹的アプローチ」と「帰納的アプローチ」です。目的に応じて、いずれかのアプローチを使うことになります。

演繹的アプローチでは、自社の事業や組織を分析し、求める人材像を導き出します。自社の業務を適切に遂行するために必要な能力や性格や志向を推定し、そこから求める人物像を設定するわけです。

一方、帰納的アプローチでは、自社で成果を上げている人材を分析し、彼らが持つ能力や性格や志向を抽出し、求める人材像を導き出します。ハイパフォーマーへのインタビューや適性検査やアンケート、管理職層に対するヒアリングなどにより、彼らが成果を生み出す要因を推定し、そのために必要な要素を割り出すのです。

なお、こうして設定された人材像は、採用メディアや採用サイトのコンテンツを作成する際のペルソナとして用いたり、適性検査や面接における選考基準作りの前提としたり、採用戦略全体を設計する上でのベースとして利用したりなど様々な場面で活用されます。

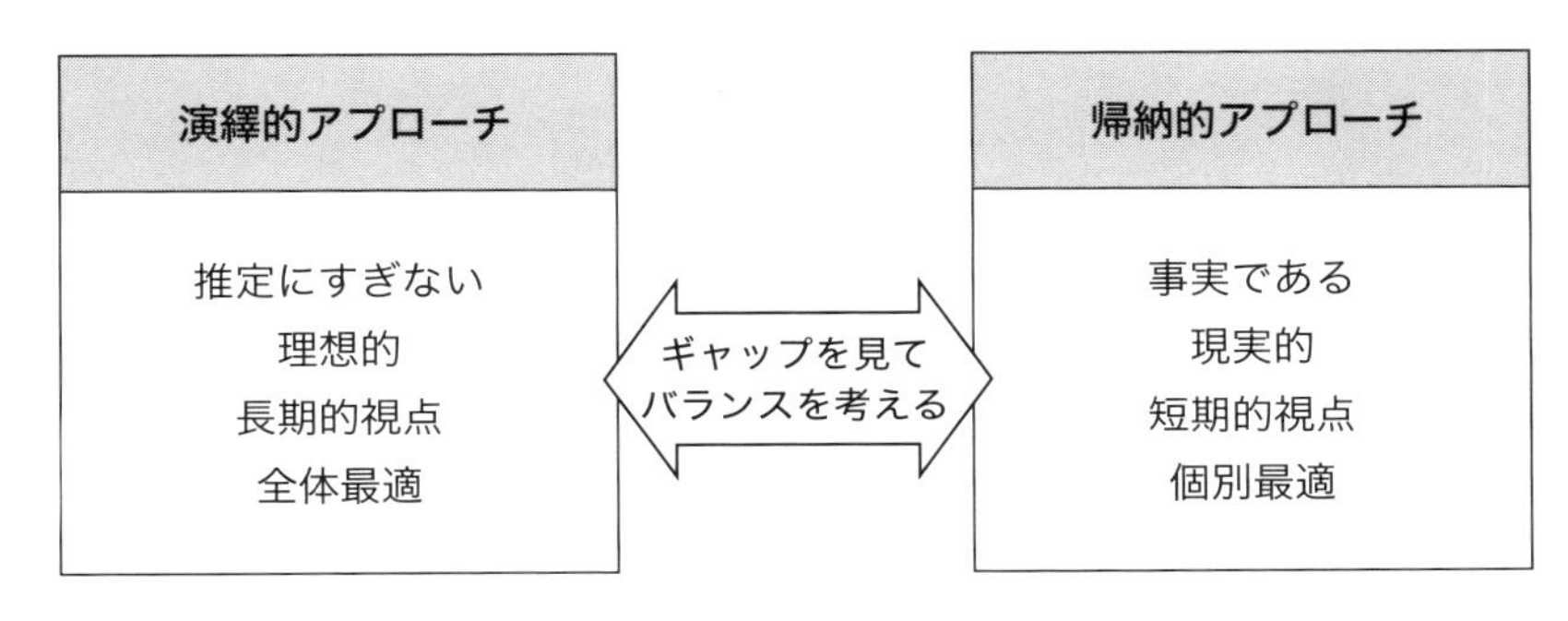

図6－2｜演繹的アプローチと帰納的アプローチの特徴

■演繹的・帰納的アプローチのメリット・デメリット

演繹的アプローチと帰納的アプローチにはそれぞれ、メリット、デメリットがあります。

演繹的アプローチによる求める人材像は、事業や仕事を遂行するために必要な「あるべき姿」です。ただし、それは推定された理想像であり、現実の制約条件などがすべて反映されているわけではありません。現実的ではない要素、実現不可能な要素、労働市場にほとんど存在しない要素さえあります。

一方、帰納的アプローチによる求める人材像は、自社内にある「現実のモデル」です。しかし、このモデルが有効なのは、ある特殊な環境や特定の個人のみについてかもしれません。また現時点では、最も成果を上げていても、もっと高い成果を上げる人物像も存在するかもしれません。

一般論ですが、事業環境が安定している場合、現在のハイパフォーマーから抽出した帰納的アプローチが有力で、事業環境が激変している場合、演繹的アプローチが有力です。特に近い将来、これまでと異なる人材が必要になりそうであれば、演繹的アプローチを重視した方がいいでしょう。

ただし、どちらを選んでも、もう一方のアプローチとのバランスを取る必要はあります。つまり、2つのアプローチから導き出した求める人材像をすり合わせるのです。

6・3　最適な採用チームを作る

■最適な採用チームは「人材ポートフォリオ」の雛形

採用に注力する上で重要になるのが、最適な採用チームを構築することです。では、最適な採用チームとはどのようなものでしょう。採用チームにはどのような要件が求められるのでしょう。

一般に、最適な採用チームとは、企業全体の「人材ポートフォリオ」の雛形です。経験上、採用担当者や人事担当者は、心根が優しく、受容性の高いタイプが多くなります。そして人間は自分と同じタイプを高く評価するために、受容性の高いタイプばかりで採用チームを作ると、受容性の高いタイプばかりを採用してしまいがちです。実際、採用担当者のタイプの偏りによって、多くの企業で構成員が同質化しています。

採用チームは、人材ポートフォリオと同様に、多様な能力や性格を持った人材で構成しなくてはなりません。

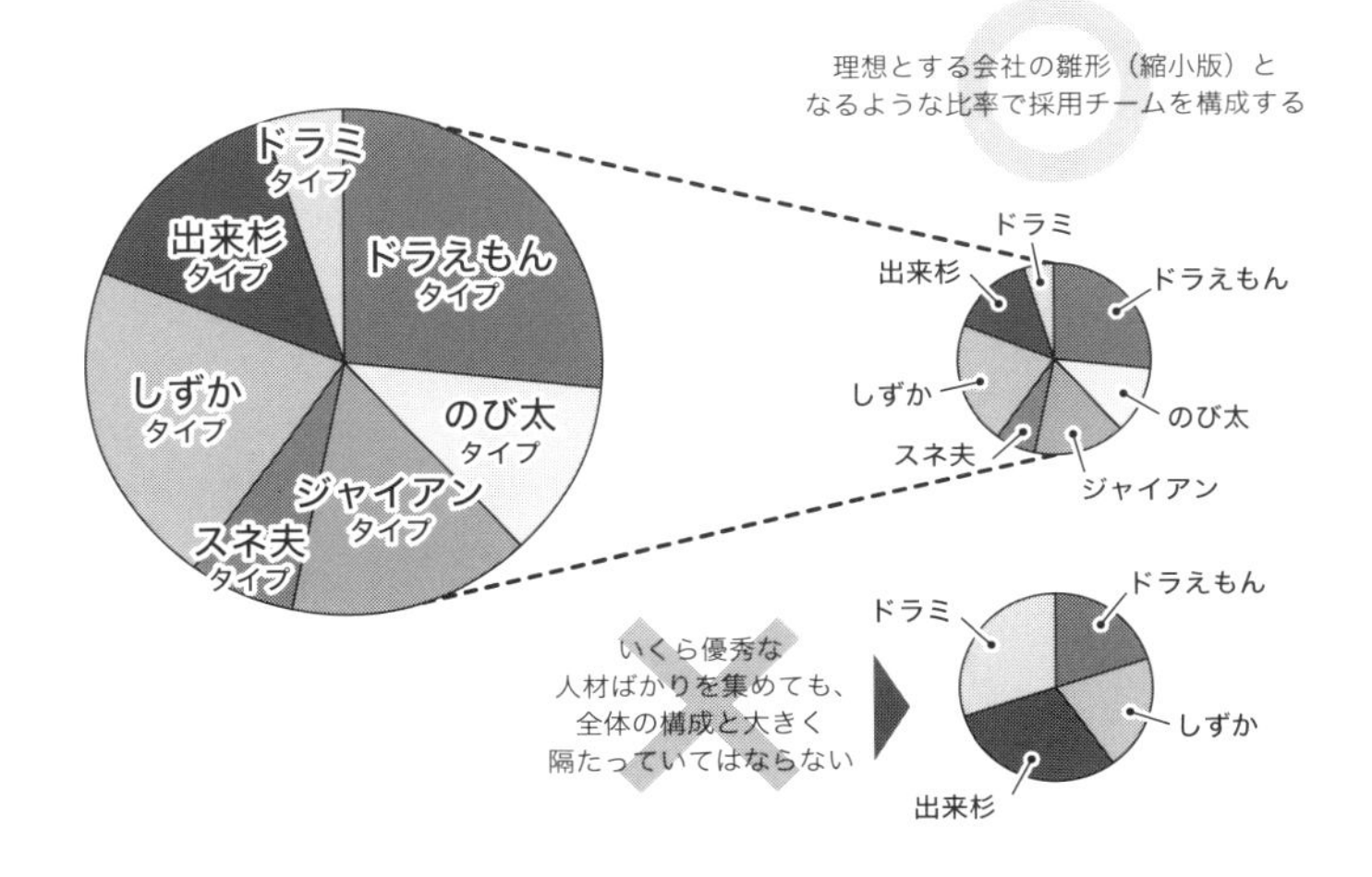

図6−3｜採用チーム＝「人材ポートフォリオ」の雛形

■現場と採用担当者のローテーション

近年、競争環境の激化により、企業はより短期的な成果が求められるようになっています。業務のスピードアップのため、採用権限も現場に移譲されることも多くなっています。つまり、現場が採用実務を担当するようになっているわけです。

今後もこの傾向が続けば、人事部だけが採用スキルを磨いても不十分です。ただし、採用業務の専門性は高いので、社員全員にトレーニングを施すのも現実的ではありません。そのため、人事と現場のローテーションが重要になります。つまり、社内に「採用経験者」を増やすのです。

実際、リクルートでは、現場のトップ営業が異動で採用担当になったり、人事担当が各事業部に異動したりしています。このように社内に採用経験者を増やすことで、採用の重要性と難しさを理解している人が増え、企業全体として「採用を中心とした人事」が行われる素地ができ上がるのです。

6・4 求める人物像の必要要件を絞り込む

■後天的要素ではなく、先天的要素で絞る

すべてを兼ね備えた人材など、世の中にはいません。必要な要件を盛り込み過ぎると対象者が限定され、採用の自由度を狭めます。また変化の早い現在、要件はすぐに陳腐化します。

そのため「求める人材像」の設定にあたっては、人物特性の必要要件をある程度絞り込む必要があります。あれもこれもと、必要要件をたくさん盛り込み過ぎると、採用がうまくいかないからです。なぜでしょう。

多くの必要要件を求めると、対象者が限定されてしまうためです。そうなると、少ない対象者から相対的に優秀な人を選ぶほかありません。「裾野が広ければ山が高い」と言いますが、候補が多ければ多いほど、突出した人材が現れる確率は高まります。初めから候補者が少なければ、必要な人数を採用できない可能性も生じます。極端な場合、求める人物特性が多過ぎると、「そんな人はこの世に存在しない」ことにもなりかねません。

能力や性格、志向などの人物特性には、入社後の育成が難しい先天的要素と、入社後に仕事や研

修などを通じて育成可能な後天的要素があります。後者は、採用時の要件としない方が賢明でしょう。入社後の育成が難しい先天的要素を兼ね備えた人材は引く手あまたで、多くのライバル企業と採り合いになります。こうした先天的な要素を意識しておくことも、採用競争に打ち勝つ上で重要です。

ポテンシャル採用の候補者の多くは、成長途上で荒削りです。ある種の能力は非常に高い一方で、ある能力は劣り、様々な人物特性をバランスよく兼ね備えた人材など稀なのです。採用時に多くの人物特性を求めると、採用できるのが、小さくまとまった人材ばかりになってしまいます。

「求める人物像」の構成要素を
多くしてしまうと…

対象が狭まってしまう

育成できるものは
採用時にある必要はない

荒削りな人材が採れず
小さくまとまった人ばかりに

多様性が減少し
変化対応力が衰える

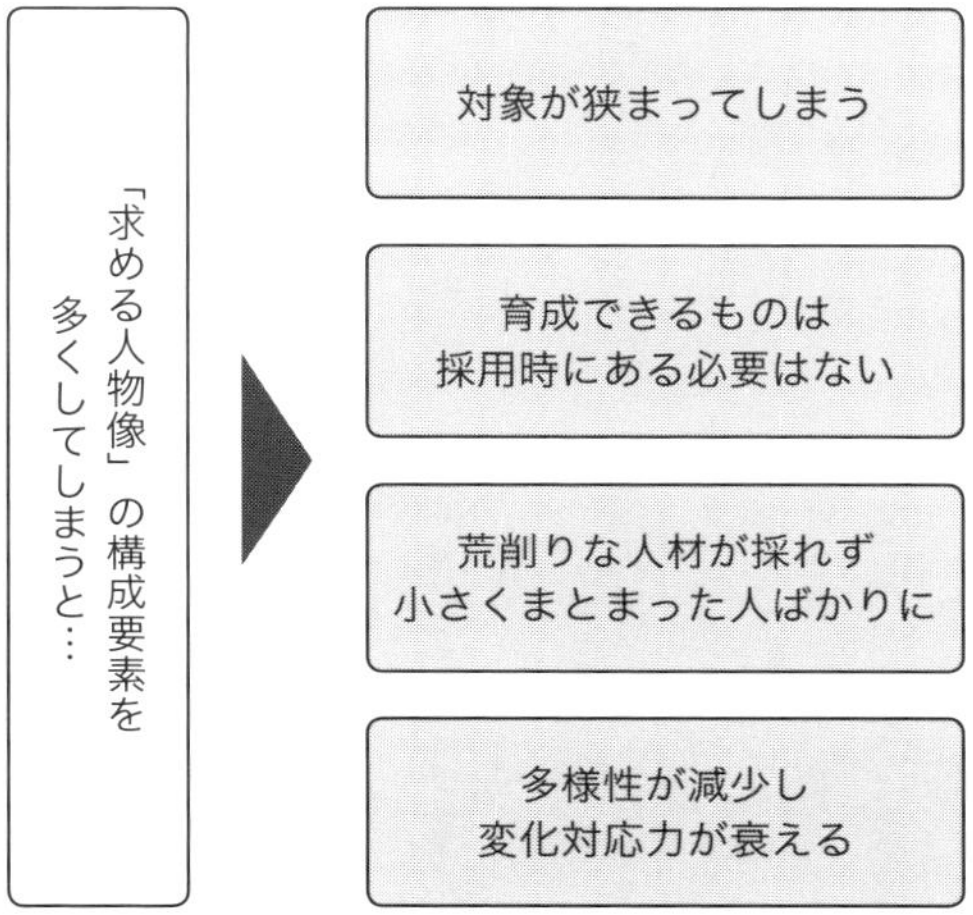

図6－4｜必要とする要素は最小限に絞る理由

現在のような事業環境の変化が激しい時代には、ある時策定した人材要件がすぐに陳腐化してしまいます。そのため、組織内に人材の多様性が必要になるのです。

一般に「組織が環境変化に対応するには、外部環境と同等の多様性を組織内に作る必要がある」と言われます。しかし、採用候補に多くの人材特性を求めれば、当然ながら組織の多様性は失われます。しかも、それらの要件は次の時代に必要とは限らないのです。

こうした理由から、求める人材像の必要条件は、吟味を重ねた上で優先順位を決め、できるだけ絞った方がいいでしょう。

6・5　求める人物像を描写する

■採用計画で必要なのはみずみずしい「人材像」

「求める人物像」の描写では、多くの企業が抽象的な表現を列挙します。たとえば、「当社の求める人材像は、当事者意識が強く、地頭が良く、コミュニケーション能力の高い方です」といった具合です。しかし、こうした表現で人物像を描写しても、採用の現場ではまったく役に立ちません。抽象的な表現はあまりにも日常的に用いられているため、人によって解釈が異なるからです。一つの表現がいくつもの意味で使われるため、表現から想定する内容が採用担当者間で変わってしまうのです。

たとえば、採用現場でよく出てくる「地頭」という言葉は、図6－5のように様々な意味で使われています。このように、抽象的な表現はしばしば、使う人によって解釈がまったく異なります。これでは、面接官同士の選考基準を擦り合わせられるはずなどありません。

●「空気が読めるや相手の気持ちを読める」「曖昧な状況から本質を抜き出せる」といった、「具体的なものを抽象化できる」という意味

●「論理的に考えられる」「前提から論理的に結論を導ける」「筋道を立てて分かりやすく物事を説明できる」といった、「ロジカルに考えられる」という意味

●「あるコンセプトをうまい比喩などを使ってわかりやすく表現できる」「伝えたいメッセージを適切な語彙で表現できる」といった、「抽象的な概念を具体的に表現できる」という意味

図6－5｜「地頭」という言葉が使われる意味

■全体像がイメージしにくい

抽象的な表現が役に立たない、もう一つの理由は、人物の全体像をイメージできないことです。採用チーム全員が「みずみずしい人材像」をイメージできなければ、候補者の比較対象（ベンチマーク）として利用できません。

これは、生身の人間と抽象的な概念を比較できないからです。「チャレンジ精神がある」と言っても、イチローなのか本田なのかによって、意味もニュアンスも大幅に異なります。同様に、「リーダーシップがある」と言っても、「サラリーマン金太郎」と「島耕作」ではイメージするものは違うでしょう。「この人はあの人と似ているな」「この人はあの人よりもすごいな」と思うとき、人は具体的な人物像と比較しているのです。

■ペルソナで「みずみずしい人物像」を設定する

本来、「一義的に」規定するべき求める人材像に抽象的な表現は合いません。必要なのは、商品・サービス開発などで設定されるペルソナ（名前や住所、年齢、性格、趣味、ライフスタ

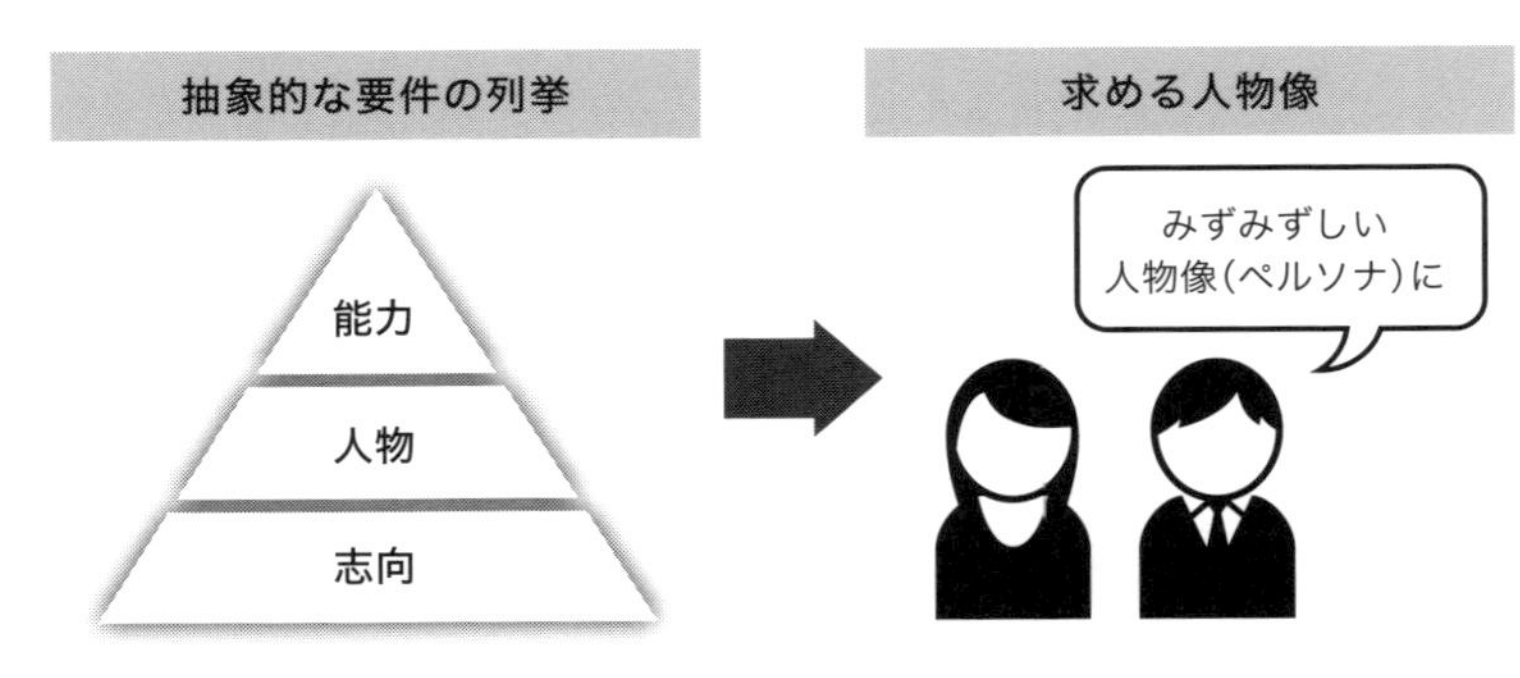

図6−6｜みずみずしい「求める人物像」

イルに至るまでプロフィールを細かく定めた架空の顧客の人物像）のような人物像なのです。

そのためには、自社の求める人材像が、「どこで何をしているか」「こんなときには何をするか」「自社に対してどのようなイメージを持っているか」「このような情報を提供すると何を感じるのか」などのイメージを、人事担当者、面接担当者間で共有しなくてはなりません。これにより、求める人材像の要件の意味やニュアンスがすり合わせられるのです。選考基準の目線が揃えば、採用広報コンテンツの表現なども適切になります。

もちろん、ペルソナを作ったからといって、「その人とまったく同じ人を求める」必要はありません。ペルソナの具体的な描写に引きずられ過ぎるのも無意味です。どちらかと言えば、ペルソナそれ自体よりも、ペルソナを作るプロセスで、採用チーム全員の頭にあるイメージをすり合わせることに意味があるのです。

このように様々な求める人物像を設定し、実際に多くの社員や候補者に会うことで、自社にとってのベンチマークとなる人材像が蓄積されるはずです。

7章 候補者集団を形成し、選考する

7・1 求める人物像候補を集める

■PULL型とPUSH型の採用プロモーションを使い分ける

求める人物像候補にリーチする手段は一般に、「採用プロモーション」と呼ばれます。採用プロモーションは、候補者集団を形成する上で極めて重要です。

採用プロモーションは大きく、PULL型（オーディション型）とPUSH型（スカウト型）に分けられます。PULL型プロモーションは、採用広告や合同説明会などの「メディア」を使って、広くあまねく多くの候補者に対して情報を伝えます。その上で、候補者からのアプローチ（エントリー）を待つのです。

一方、PUSH型プロモーションは、新卒におけるOB・OG訪問やリクルーター制度、ゼミや

PULL型	PUSH型
●広く公募し、向こうから来た人をジャッジする	●ターゲットを特定し、会社側からアプローチ
●多数に接触できるが、合格率は低く、やや非効率的	●合格率は高いが、手間がかかるために効率に難
●自社のファンが中心で、応募者の質は採用ブランドに依存	●自社ファン以外にリーチ（採用ブランドに依存しない）
○「マス広報」を用いるのが一般的（リクナビ・マイナビなど）	○人材紹介会社を使う
	○自社で直接行う（＝リファラル・リクルーティング）

図7－1｜PULL型とPUSH型の採用プロモーション

研究室への訪問のように、企業から候補者予備群にリーチし、自社に適した人材を探しに行きます。ある意味、攻めのアプローチと言えるでしょう。

■PULL型とPUSH型のメリット・デメリット

ＰＵＬＬ型やＰＵＳＨ型といった採用プロモーションにはそれぞれ、図７－２のようなメリット・デメリットがあります。

まず、アプローチできる人数は、ＰＵＬＬ型の方が圧倒的に多くなります。ＰＵＬＬ型を使えば、新卒学生に対して数百から数千、大企業なら数万人単位の候補者エントリーを一回で集められるからです。ＰＵＳＨ型では、採用担当者の人数によりますが、ほとんどの場合、数十から数百、相当頑張っても千人程度の候補者にしか接触できません。

辞退率は、志望度の高い層で候補者集団が形成されるＰＵＬＬ型の方が、ＰＵＳＨ型よりも相対的に低くなります。ＰＵＳＨ型では、そもそも自社に興味がなかった候補者に

	PULL型	PUSH型
メリット	●効率的に多くの人数にリーチできる ●志望度は高く、辞退率は比較的低い	●自社の採用ブランド以上の人材を採用できる可能性がある ●自社のファン以外にもリーチできる
デメリット	●自社のファン以外にリーチしにくい ●大量応募に対する時間的・労力的コストがかかる	●志望度は低く、辞退率は比較的高い ●きめ細かいフォローによる動機付けや引き留めが必要

図7－2｜ PULL型・PUSH型のメリット・デメリット

もアプローチするため、何らかのつなぎとめる手段が必要なのです。

ただし、ＰＵＳＨ型プロモーションには、自社の「ファン」（志望度の高い候補者）以外の候補者に会えるというメリットがあります。ＰＵＬＬ型では、自社の採用ブランドにフィットするタイプばかり集まるため、応募者が同質化したり、「自社の採用ブランド」以上の人材は採用できなかったりします。

■PULL型とPUSH型を使い分ける

では、ＰＵＬＬ型とＰＵＳＨ型をどのように使い分ければいいのでしょう。

ポイントは、自社の採用ブランドと「求める人材像」です。もし、自社の採用ブランドが競合よりも強力で、求める人物像にとっても魅力的であれば、ＰＵＬＬ型プロモーションに比重を置くのが効率的です。

しかし、自社の採用ブランドが競合よりも弱く、また求める人材像にとって魅力的でなく、いわゆる「分不相応な採用」をする場合、ＰＵＳＨ型プロモーションを導入するべきです。これは、急成長中の企業などによくあるケースです。自社のポテンシャルと自社の採用ブランドとの間にギャップがあり、しかも求める人材像に採用ブランドが浸透していなければ、たとえ非効率でもＰＵＳＨ型が必要になります。

とはいえ、大多数の企業がＰＵＬＬ型だけを使っていたのはすでに過去の話で、今では多くの企業がＰＵＬＬ型と併用してＰＵＳＨ型を使うようになっています。なかにはＰＵＬＬ型を廃し、ＰＵＳＨ型だけに舵を切った企業もあります。

２社の例を紹介しましょう。１つは誰もがその名を知る世界的なＩＴ企業です。ここはかつて新卒採用にＰＵＬＬ型を、中途採用に人材紹介会社を使っていましたが、現在、中途採用をほぼ１００％、ＰＵＳＨ型に移行しています。自社の内定者や若手社員に自社に合う人材を紹介してもらい、年間約１千人と面会し、入社者の８割をＰＵＳＨ型で採用しているそうです。

２例目は兵庫県宝塚市にある、ウィルという地場の中堅不動産会社です。ここでは数年前から採用を１００％、ＰＵＳＨ型に切り替えています。自社の内定者や若手社員から紹介された候補者を、年間６００人程面接しているそうです。面接と言っても堅苦しい形式ではなく、最初は主に喫茶店などで、ざっくばらんに話を聞いています。この面接数は私が知る中でも最も多く、その努力に頭が下がる思いがします。大手だからＰＵＳＨ型採用ができるわけではないのです。

7・2　PULL型採用の作業負荷を落とす

■セルフ・スクリーニングが実は最も効率的

ＰＵＬＬ型プロモーションは、多くの人にアプローチできる効率的な手法です。逆に言うと、候補者が多く集まり過ぎると、説明会や選考を頻繁に実施しなければならず、採用活動が「非効率」になる可能性もあります。

そのため、ＰＵＬＬ型プロモーションで人を集める場合には、「求める人材のみを集める」ことに留意しなくてはなりません。つまり、採用広告などを見た候補者がきちんと「セルフ・スクリーニング（その会社と合っているかを自ら判断できる）」ように、キャッチコピーや映像、広告制作物を制作しなくてはならないのです。

外部スタッフにキャッチコピーやグラフィックなどの作成を依頼するにあたっても、「どのような人に来てもらいたいか」を明確に指示しましょう。特に重要なのは、「リアルに仕事の実情を伝えること（ＲＪＰ、Realistic Job Preview）」です。

現在、多くの人は広告のメッセージを疑っています。歯の浮くような美辞麗句で自社を礼賛する広告では、かえってメッセージの信頼性が落ちます。良いことも悪いことも、包み隠さずにフラットに情報を伝える姿勢が重要です。誠実に伝えて、合わない人は自然に去ってもらうことが、求める人材のみを集めることにつながるのです。

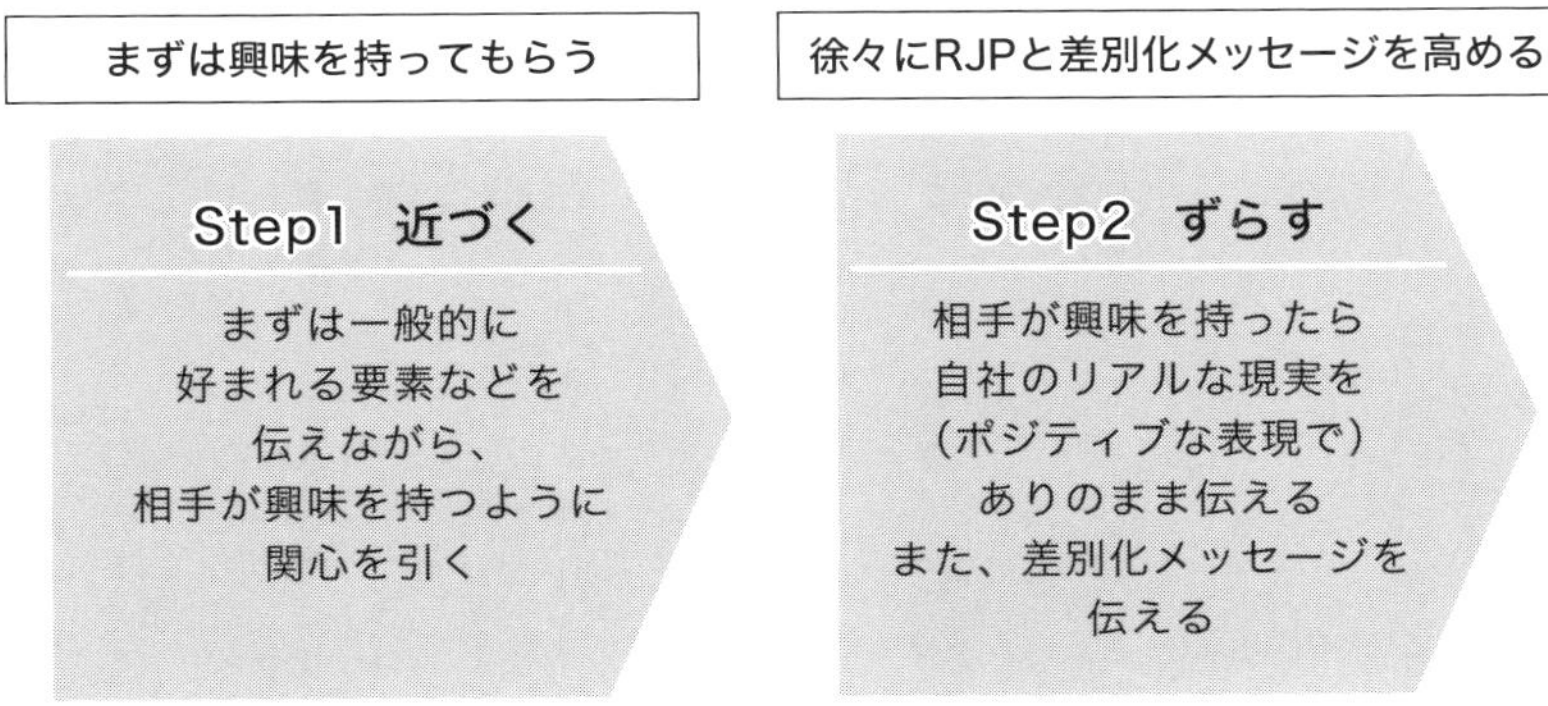

まずは興味を持ってもらう

Step1 近づく

まずは一般的に
好まれる要素などを
伝えながら、
相手が興味を持つように
関心を引く

徐々にRJPと差別化メッセージを高める

Step2 ずらす

相手が興味を持ったら
自社のリアルな現実を
(ポジティブな表現で)
ありのまま伝える
また、差別化メッセージを
伝える

図7−3｜ RJPによるアプローチ

■メッセージの伝え方は順番が重要

相手が興味を持たず、信頼関係もないうちから、悪い面を打ち出すのは得策ではありません。本来は相性が合うにも関わらず、縁が切れてしまいかねないからです。最初のうちは、嘘をつかない範囲で魅力的な要素を打ち出して、興味を持ってもらいます。

採用ブランドの強い企業と同じ魅力的な要素が自社にもあれば、「自社にもあること」をアピールしましょう。「総合商社志望だけど、この会社にも○○があるなら、就活も始めたばかりだし、一度覗いてみよう」という学生が現れるかもしれません。興味を持ってもらえたら、採用競合との差別化要素を伝えるのです。

ＲＪＰは採用選考の全体を通して実現しましょう。どんな会社にも、良い点もあれば、悪い点もあります。まずは、良い点をアピールし認識してもらった上で、悪い点もきちんと見せるのです。興味を持ってもらえれば、悪い面を伝えても、冷静に検討してくれる素地ができています。

この考え方はあくまで一般論で、実際には各社の実情に合わせて調整します。たとえば、インターンシップや入社前職場体験によって、現役社員と同じ時間割での朝礼、仕事への同行、企画やテレアポへの参加などを通して、言葉通りのＲＪＰを行うこともあります。極端な例ですが、入社前の内定者にズバリ「本音セミナー」と称した企画を実施し、企業や仕事のＲＪＰをさらけ出した結果、新人離職率を一般的な30～40％から10数％へと激減させた例もあります。

ただし、基本的な考え方は共通です。自社の採用ブランド、求める人材像、そしてＲＪＰを踏まえて、段階的にメッセージを伝えます。具体的には、説明会や初期に配るパンフレット、選考後期に渡す制作物などにメッセージを盛り込み、各段階で必要なメッセージが伝わるように設計するのです。

7・3　ＰＵＳＨ型採用で求められること

■優秀な人材に、地道にアプローチする

ＰＵＳＨ型プロモーションは、コストはそれほど掛からないものの、とにかく手間がかかります。マス採用広告のように、一回で大勢の人を集められないため、多くの地道な作業が求められるからです。

泥臭いＰＵＳＨ型プロモーションでは、ＰＵＬＬ型では会えないレベルの候補者にもリーチできます。また自社の採用ブランドが候補者にきちんと伝わっていなくても、直接顔を合わせれば修正

可能です。つまりPUSH型は、「分不相応な採用」をするのであれば、必ず取り組むべき手法なのです。

PUSH型と言っても、OB・OG訪問の受け入れのような大掛かりなものばかりではありません。私がリクルート時代にやっていたPUSH型のうち、効果があったものを紹介しましょう。「内定辞退者との継続連絡」「電話での「ちなみに作戦」」「直接訪問」の3つです。

まず、「自社を蹴った人材のほうが優秀である」と考えていた私は（実際に自社内で調査したところ、明確にそのような結論が出ました）、一度断られた相手とも細く長く連絡を取っていました。と言っても、たまに電話で「最近どう？」と聞いてみる程度です。もし就活についての悩みがあれば相談に乗ったり、周囲の人間を紹介してもらったりなど、ゆるい感じのコミュニケーションを取ります。その上で、もし自社に入社してもらえそうな雰囲気が出てくれば、自社への再受験を勧めるのです。なお再受験を勧めると、多くの候補者は「え？　一度断ったのに、また受けさせてもらえるの？」と驚きます。

「ちなみに作戦」は、本当に小さなTIPSなのですが、意外と効果的です。誰かに紹介してもらった、関係が弱い相手にメールやLINEではなく電話をかけ、「ちなみに今、就活はどんな感じ？」「ちなみにどんな業界を志望しているの？」「ちなみにサークルは何をやっていたの？」と世間話の延長で「ちなみに」と話をつないでいくのです。面接と同様の情報が手に入る上、面接という改まった場ではないので、相手も気軽に色々と答えてくれます。この過程で親近感を持ってもらえたら、こっちのものです。実際の面接へとつなげます。

「直接会ってみる」は、もっと単純です。体育会系の学生に会いたければ体育会の部室に、理系の学生がほしければ大学の研究室に自ら出向き、ドアをノックするのです。優秀な学生の中には、サークルの活動や研究に熱中するあまり、就活にあまり力を入れていない人も珍しくありません。こちらから出向き、接点をつくり、相手が興味を持ってくれれば、喫茶店でも居酒屋でも、もう少しゆっくり話せる場に誘ってみる。これも地道なようですが、非常に効果的なアプローチです。

■究極のPUSH型=リファラル・リクルーディング

PUSH型プロモーションでは、リーチすべき候補者リストの取得が必要になりますが、最も優れたリストは実は、自社の社員や内定者から得られます。この優れたリストを活用した採用手法は、「リファラル・リクルーティング（紹介者による採用）」と呼ばれ、近年注目を集めています。実はこの手法も、リクルート時代によくやっていました。

リファラル・リクルーティングの紹介者は、新卒採用の場合、入社1~3年目の若手社員や自社の内定者、中途採用の場合、全社員です。いずれも、採用の重要性や自社の求める人材像などを説明し、自社に知人や後輩などを紹介してくれるように依頼します。

推薦された候補者の情報は、個人情報保護の観点から候補者の許可を取得の上で候補者リストに掲載し、実際に連絡を取って会います。会い方はOB・OG訪問的なスタイルでも、小規模な説明会形式でも構いません。一般に、自社に興味関心の薄い層を相手にすることが多いため、こちらからアプローチする方が望ましいかもしれません。

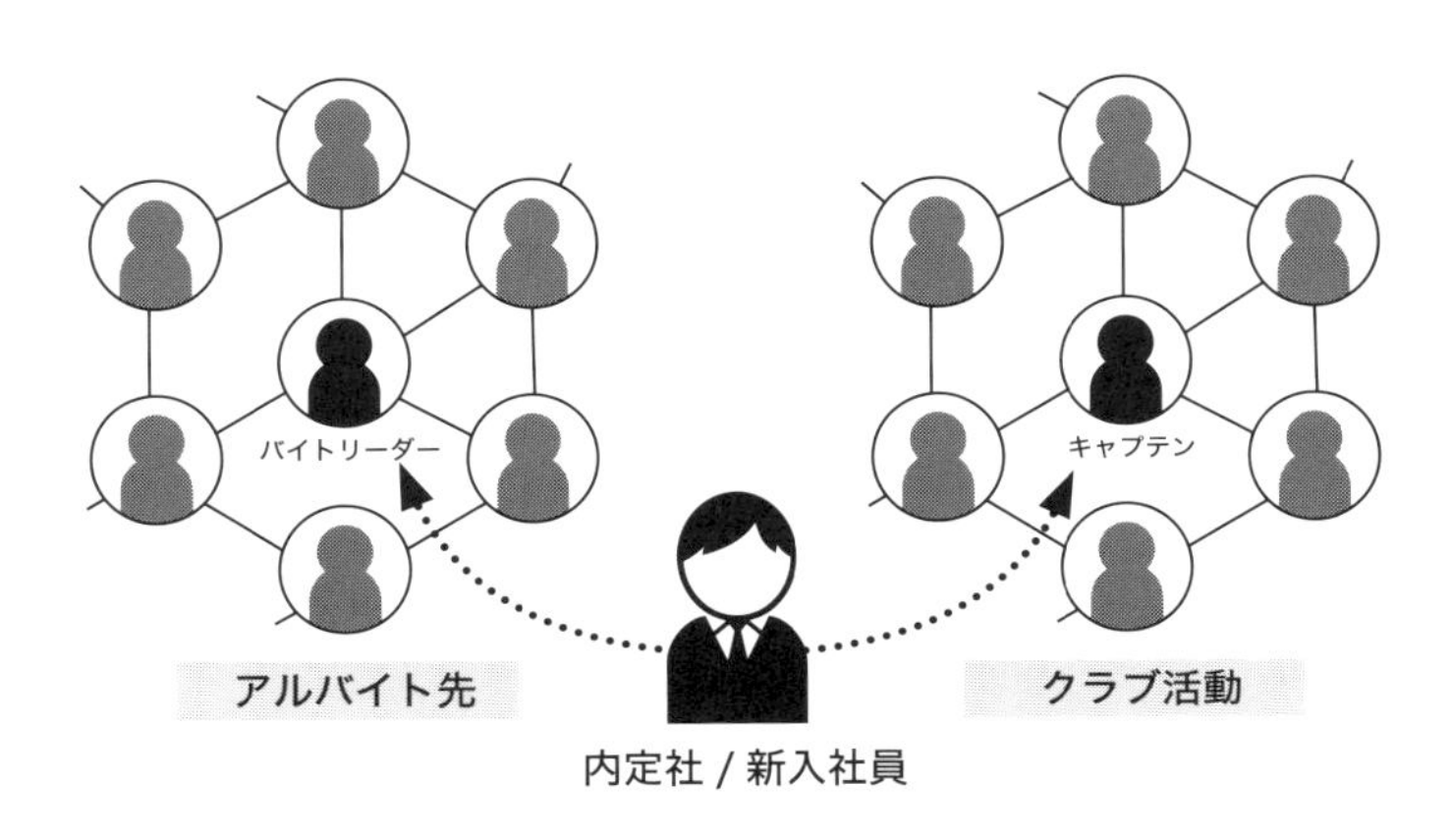

図7－4 リファラル・リクルーティング

面接が好感触だった場合には、候補者の周囲の人を紹介してもらうことで、紹介者ネットワークを広げていくこともあります。「類は友を呼ぶ」という言葉の通り、自社に適した人の周囲には他にも良い人がいる可能性が高いからです。

なお、リファラル・リクルーティングでは、「最終的に落ちるかもしれないのに知人を自社に紹介する」と紹介者が考えることが心理的なハードルになります。そのため、インセンティブなどで、動機付ける必要があります。

■優秀層を確保するフォロー体制の強化

ＰＵＳＨ型プロモーションによって集めた候補者集団は、極端な場合、ＰＵＬＬ型プロモーションで集めた候補者集団よりも内定者の出現率が10倍ほど高いこともあります。その代り、「良い人材はどこでも引く手あまた」なので、内定辞退率も必然的に高くなります。良い人を見つけても、最終的に自社

●最終面接の前段階でフォロー担当者を候補者に付けて、一緒に内定を得る「同志」的な関係を構築する

●候補者をフォローする担当には、相性の良い「同質タイプ」をあてがう（「同質タイプ」でない「補完関係」は、リレーション構築にやや時間がかかる）。ドラフト会議的なもので担当者を決めてもよい

●適性検査などを用いて、候補者と面接官のタイプも合わせる（この場合、同タイプの人はジャッジが甘くなってしまうことに注意）

●自社の採用上のアピールポイントを把握の上、タイプ別の訴求ポイントに基づくトークパターンを事前に作成する（採用競合との差別化ポイントについても事前に検討し、採用担当者がきちんと話せるように訓練する）

●できるだけ高頻度で候補者と接触し、担当者と候補者の間に深い人間関係を構築する（接触回数が多いと相手に好意を抱く）

●自社に関する新聞や雑誌の記事、書籍など、社会的な認知の証拠となるパブリシティを集めて、適宜候補者に渡す（親、配偶者といった、候補者に強い影響を及ぼす人物の手に渡り、その人からも自社を推薦してもらえる効果を見込む）

図7－5｜フォロー体制の強化方法

に来てくれなければ、意味がありません。そのため、ＰＵＳＨ型プロモーションの実施にあたっては、フォロー体制も強化しなくてはなりません。

フォロー体制の強化方法には様々な方法があります。図7－5に、いくつか具体例をあげました。

このようなフォロー体制を徹底的に強化することで、手間をかけて集めた「分不相応」に優秀な候補者が、最終的に自社を選んでくれるのです。そして、高いレベルの人材を採用することは、会社の成長につながります。

7・4　選考プロセスを設計する

■重要なのは選考プロセスの合理性

採用候補者集団が形成されれば、いよいよ選考です。採用の現場で選考の精度や「歩留まり＝次の選考に進める率」を上げるには、「選考プロセス」での工夫が重要になります。

しかし残念なことに、現在、多くの会社が選考プロセスをないがしろにしています。選考プロセスがあまりに非合理的で無意味なのです。

例えば、候補者集団形成に困っているのに紙の手書きの履歴書や重たいエントリーシートを課したり、辞退率の多さに悩みながら自社の「会議室の数」に合わせて1日あたりの面接可能数を設定して選考期間を伸ばしたり、優秀層へのフォローに困っているのに適性検査の合格ラインを低くして無駄に多くの人に会おうとしたりなど、すべて非合理的です。手間がかかれば応募者は減り、選考期間が長ければ辞退数も増えるでしょう。逆に、合格ラインを上げて合格者を減らせば、余った時間で優秀層への手厚いフォローも可能になります。良い採用には、合理的な選考プロセスが欠かせないのです。

多くの採用担当者が選考プロセスをきちんと設計しない理由の一つに、「求める人物像の設定」や「採用プロモーション」などと比較して、その作業自体が楽しくないことがあります。しかし、だからこそ選考プロセスの設計には、改善の余地が大きいのです。

選考プロセスは、「歩留まり」「ステップ」「コンテンツ」の3つで構成されます。この3つの要

①
歩留まり

②
ステップ

③
コンテンツ

図7－6｜ 選考プロセスを考える3つの要素

素を、自社の採用ブランドや採用環境、採用方針などに応じて決めれば、合理的な選考プロセスを設計できます。次項以降で、それぞれの設定法を解説しましょう。

7・5 歩留まりを設定する

■選考プロセスにおける候補者と会社の行動で決まる

歩留まりとは、選考プロセスの各段階において候補者を次のプロセスに進める割合（数値）です。選考プロセスの「エントリー」「書類審査」「筆記試験」「面接」「内定」における、「内定率」「受験率」「書類通過率」「筆記通過率」「面接通過率」「途中辞退率」「内定辞退率」という7つの数値が歩留まりに該当します。選考プロセスの設計にあたり、企業は、自社の採用ブランド、求める人材像の市場価値、採用にかけるコストやマンパワー、実施予定の選考手法などから歩留まりを予測することになります。そして、事前に予測した歩留まりと実際の歩留まりとを比較検証することで、採用状況をモニタリングするのです。

多くの人事担当者は、自社の過去数字から歩留まりを予測します。

しかし、このやり方には落とし穴があります。過去の自社の数字がベストプラクティスの結果であるとは限らないことです。つまり、採用手法を変えることで、歩留まりを改善できる可能性があるわけです。

内定率＝内定者数 ÷ 受験者数

・他の歩留り数字を設定する上での基準となる最も重要な数値。採用計画の最終的な目標となる

受験率＝受検者数 ÷ エントリー数

・エントリー数の目標値を設定する上で重要になる数値。内定率と受験率から、採用目標数を達成するために必要なエントリー数を逆算する

書類通過率＝書類選考通過者数 ÷ 書類提出者数

・筆記試験受験者数の目標値から逆算する数値。比較的コントロールしやすいが、他の選考方法と比べて明確な評価は難しい

筆記通過率＝筆記試験通過者数 ÷ 筆記試験受検者数

・面接試験受験者数の目標値から逆算する数値。面接などにかけられるマンパワーなどを勘案して決める

面接通過率＝面接通過者数 ÷ 面接試験受検者数

・採用目標数と内定辞退率から逆算する数値。一般に絞り込みは難しく、50%以下に設定するのが難しい

途中辞退率＝途中辞退者総数 ÷ 受験者数

・例年の実績などから予測する数値。多くの企業が計算すらしていないが、辞退者は優秀層であることが多く、実はかなり重要

内定辞退率＝内定辞退者数 ÷ 内定者数

・採用ブランドの強さなど、企業によって差異が大きい数値。内定出しの考え方にも大きく左右される

図7−7｜予測する7つの歩留まり

■どこに、歩留まりの目安を置くか

自社の過去の歩留まりがベストプラクティスかどうかを判断する上では、歩留まりの目安を掴んでおく必要があります。図7－8に採用ブランドや採用方針などに応じた歩留まりの目安を示します。ただし、歩留まりは採用環境によっても変化するため、あくまで目安と考えてください。

内定率の目安

○採用広告メディアや大規模イベントなどのマス広報による候補者集団の場合……約1％～数％
○リクルーター、OB紹介などのネットワークによる候補者集団の場合……約10％前後

受験率の目安

○通常の場合……20％～30％
○人気企業の場合……40％程度。特殊な人気企業を除いて50％は難しい

書類通過率の目安

○一般的な選考の場合……80％程度（下位2割を落とす）
○厳し目な選考の場合……20％程度（上位2割を通す）

筆記通過率の目安

○筆記試験の選考が厳しい企業の場合……10％程度
○できるだけ会う方針の企業の場合……50％程度

面接通過率の目安

○通常面接の場合……30％～40％程度
○グループ面接の場合……50％程度（1回に会う最大人数は4～5人程度）

途中辞退率の目安

○一般的な企業の場合……20～30％程度
○積極的な企業の場合……10％程度（途中辞退者に再考するように電話するなど）

内定辞退率の目安

○厳しい企業の場合……10％程度（第一志望にしか内定を出さない）
○厳しくない企業の場合……50％程度（基準を満たせば志望度によらず内定を出す）

図7－8｜歩留まりの目安

もし、自社の想定が上記の目安と大きく異なれば、選考プロセスを改善する必要があります。すなわち、「エントリーの方式」「筆記試験の合格率」「面接の回数」などを見直すのです。さもなければ、採用活動全体が不成功に終わります。また、図7－9に、歩留まりを設定する際の注意点を

内定率設定の注意点

歩留りを掛け合わせた数値が想定内定率と大幅にかけ離れているなら、いずれかの選考プロセスに改善の余地がある

受験率設定の注意点

受験の敷居を低くしたり、DMなどで強くPUSHしたりすることで、ある程度アップさせることは可能

書類通過率設定の注意点

「半分」まで絞り込むのは至難の業で、厳し目な選考が良い結果を生むかは疑問

筆記通過率設定の注意点

優秀層のフォローに力を入れたければ、筆記で絞って、リアル接点を重視する。逆にポテンシャル人材をできるだけ拾い上げたければ、面接できる可能な人数上限まで合格率を上げる

面接通過率設定の注意点

1回の面接で絞り過ぎると、良い人を落としてしまう可能性がある。良い人ばかりが集まるグループ面接では、合格基準をクリアしていても相対評価が低い人はしばしば落とされる

途中辞退率設定の注意点

企業によっては、不合格者と辞退者を一緒に計算しているが、分けて考えないと適切な対策が打てない。「途中辞退率をいかに減らすか」は選考設計のポイント

内定辞退率設定の注意点

志望度の高い人に優先して、内定辞退率をできるだけ下げる。「来たい人だけ来ればいい」は一つの信念だが、結局、優秀層から逃げる。採用ブランドや人事担当者のフォロー力にも左右される

図7－9｜歩留まりを設定する際の注意点

示します。

採用環境は毎年変化します。また、採用経験の少ない会社は過去のデータも少ないでしょう。しかし、歩留りをきちんと予測すること、つねに実際の数値をモニタリングすることは、採用プロセスの問題発見と改善につながるため、必ずやっておきましょう。

7・6 ステップとコンテンツを設計する

■採用の常識にとらわれず、フラットに考える

「歩留り」を設定したら、「ステップ」と「コンテンツ」を設計することになります。ステップとは選考のプロセス、コンテンツとは選考で使うツールです。それぞれ、ステップでは選考回数、実施期間、選考過程など、コンテンツでは面接、筆記試験などの手段を選びます。

重要なのは、「採用の常識」に囚われず、自社の採用課題を踏まえて、最も合ったステップとコンテンツを選ぶことです。例えば、多くの企業は、「エントリーシートを出させるのが当たり前」「説明会への参加が受験資格」と思い込んでいます。しかし実際には、そのような制約もなければ、必要もありません。大事なのは「何のためにやるか」です。私は、「重たいエントリーシートの提出」や「説明会への参加を必須にすること」は百害あって一利なし、と考えています。

採用課題に応じたステップ設計の例を図7－10にあげましょう。あくまで各社固有の事情を踏まえない「一般論」として、参考にしてください。

このように採用課題に応じて選考のプロセスや中身を設計することで、最も効果的な採用活動が可能になります。繰り返しになりますが、「他社がそうしているから」という採用の常識に囚われる必要はないのです。

なお、選考プロセスをきちんと設計しても、採用は計画通りにはいきません。私自身、20年以上新卒採用に携わっていますが、当初の計画通りに数字が推移したことは一度もありません。採用市場は景気や社会情勢の変化で毎年変わります。そのため、一度立てた計画を盲信することなく、絶えず実際の数値をモニタリングしながら、予測の数値とズレたら、すぐに原因を突き止め、対策を練ってください。この作業は、できれば毎日行うのが望ましく、隔週や月1回では不十分です。こうした不断の努力が新卒採用の成功には必要なのです。

せっかく求める人材像を設定し、採用プロモーションを考え、候補者集団を集めても、選考プロセスを間違えると、彼らは一気に雲散霧消します。苦労を無駄にしないためにも、選考プロセスの慎重な設計と採用活動時の軌道修正を怠らないでください。

採用目標人数に比してエントリー数が多く、
優秀層を見つけ出すのに苦心している企業

【採用課題】
○大勢の応募者への対応を効率化する
○優秀層を早期に精度高く発見してフォローする

【選考プロセス設計の方針】
○説明会は大規模会場で実施することで、回数を少なくし、採用側の負荷を下げる
○適性検査の合格基準は厳しめに設定し、後工程の選考負荷を下げる
○面接などの選考は、特に初期は一気に対処して選考期間が伸びないようにする（伸びると優秀層から辞退していく）。面接官や面接会場などを早期に確保しておく
○発見した優秀層向けに飛び級的選考プロセスを用意して、スピードアップできるようにする

採用目標人数に比してエントリー数が少なく、
候補者集団形成に苦心している企業

【採用課題】
○エントリー者や受験者を増やす
○途中辞退者を減らす

【選考プロセス設計の方針】
○説明会を多数回実施し、学生が参加しやすいようにする。説明会参加は義務とせず、参加しない候補者にも選考参加の権利を与える（説明会に参加しなくても応募してくれる自社のファンを除外する必要はない）
○エントリーシートなど、候補者の応募負荷を上げるものはなくすか、軽くする
○適性検査の合格基準を緩めにして、できるだけ多く候補者と面接する（社員と学生が直接会うこと自体がPRになる）
○早期受験者は早めに選考プロセスを進めて、待たせない。全応募者の選考結果が出揃ってから次のプロセスを実施するのではなく、五月雨式・同時並行的に複数の候補者の選考プロセスを進める体制を取る

**採用人数が少ないため、
できるだけ効率的に採用活動を行いたい企業**

【採用課題】
○エントリー数が採用人数に比して多いので、効率的に優秀層を絞り込みたい
○あまり不合格者を出したくない。本気の応募者のみに受験してほしい

【選考プロセス設計の方針】
○説明会は実施しないか（採用ホームページや動画配信などで代用）、大規模のものを少数回実施して自社の負荷を最小限にする
○本気度の高い応募者を絞り込むため、エントリーシートは重めの課題を設定する、説明会に参加することを応募資格にするなど、高いハードルを用意する
○選考プロセスは、1ステップごとに全応募者が終了してから次のステップに進める。全応募者を見た上で、優秀層から合格を出せるような体制にしておく（五月雨式に選考を進めていくと、初期の応募者と後期の応募者を比較できず、選考基準にブレが生じる可能性がある）

**採用目標人数に比してエントリー数が少なく、
候補者集団形成に苦心している企業**

【採用課題】
○できるだけ少ない人数や期間で採用活動を行いたい

【選考プロセス設計の方針】
○少ないエントリー数でも受験者数が多くなるように、エントリーシートや説明会参加義務などのハードルは極力低くする
○電話アポイントによる呼び込みなどを工夫して、少ないエントリー数でも受験率を高める
○大学のキャリアセンター経由やOB訪問など、多くの応募・接触チャネルを用意する
○大手や人気企業の採用ハイシーズン直後から本格的に採用を開始する。一方で、通年採用など、採用窓口はつねに開けておき、採用候補者が現れたら柔軟に対応する

図7－10｜ステップ設計の例

8章 面接の質を向上させる

8・1　面接選考のインタビューで何を見るか

■一度のインタビューですべてを見ようとしない

ここからは、選考プロセスで最も重要なコンテンツである「面接選考」について説明します。面接選考のインタビューは、新卒採用で特に重要になります。新卒採用の候補者である学生は仕事につながる明確な実績を持っていません。極端に言えば、それぞれが持つ経験はみな同じように見えます。しかし、自身の学生時代を振り返ればわかるように、本来、一人ひとりの能力やパーソナリティは異なります。採用担当者は、それを短い面接の時間に見抜かなくてはならないのです。

そこで重要になるのが、「一度のインタビューですべてを見ようとしない」ことです。ポテンシャルを見抜くのは大変難しいため、一回の面接で、能力やパーソナリティなど様々な面を見るのは不

初期選考	中間選考	最終選考
●「能力」にフォーカスして選考する （「質問意図をきちんと理解しているか」「わかりやすく的確に答えられるか」など）	●「パーソナリティ」を見る （会話の中身が自社の理想に沿っているか、など）	●相対的な「レベル感」を見る （ベンチマークとして設定した「自分の知っている誰か」や「他の候補者」との相対的な優劣を判断する）

大切なのは、**「他の要素は見ない」**こと
一度に多くの要素を見立てることは熟練者であっても難しい

図8－1｜選考の各段階でするべきこと

可能です。つまり、初期選考、中期選考、最終選考というステージごとに見るべきポイントを絞り込む必要があります。

■初期選考：基礎能力によるスクリーニング

初期選考では、基礎能力でスクリーニングしましょう。初期選考の時点では、候補者集団は玉石混交なので、まずは人数を絞り込まなくてはなりません。

多くの会社は複数の学生に対してグループ面接を実施します。面接を担当するのは、多くの場合、現場の社員です。そのため、パーソナリティ、性格、人格などのように多くの切り口が存在し、表現も多様なものを見抜くのは不可能です。評価基準が比較的シンプルな「基礎能力」にフォーカスして選考することで、面接担当の負荷を下げ、選考精度を高めましょう。

見るべき能力は事業や業務の特性で変わります

が、基本は「コミュニケーション力」や「論理的思考力」です。要は「質問意図をきちんと理解しているか」「質問に対してわかりやすく的確に答えられるか」を見るのです。重要なのは、「それ以外は評価させない」ことです。短時間のグループ面接で、基礎能力だけでなくパーソナリティまで評価するのは現実的でありません。なお、基礎能力だけでも、3割～5割程度までスクリーニングできます。

■中期選考：パーソナリティによるスクリーニング

中期選考では、パーソナリティなどでスクリーニングします。初期の選考で基礎能力は見たので、中期選考で出会う応募者は少なくとも質問に的確に答えられます。短い時間で矢継ぎ早に質問しても、欲しい情報が得られる状態にあるわけです。そこで、より難易度の高いパーソナリティを評価します。

基礎能力の評価では、質問意図にきちんと対応しているか、話が論理的かなど、会話の形式が重要でした。一方、パーソナリティの評価では、会話の中身が重要になります。会話の中身で判断するのは難易度が高いため、マネージャーや人事担当など、ある程度面接に慣れている人に担当させるのが望ましいでしょう。

■最終選考：優先順位付けによるスクリーニング

最終選考では、応募者内の相対評価、優先順位付けを行います。最終選考に残った候補者は、基

	初期・中間選考		最終選考
ジャッジの難易度	●玉石混交のため、比較的容易 —能力の差、人物合致度の差が個人間で大きいため、比較的ジャッジするのが容易 —粗くジャッジしても３割～５割には絞れる	⇔	●どんぐりの背比べの中での優先づけは難しい —数度のスクリーニング後で、優秀層ばかり。相対感が極めて重要 —その中であえて優先順位をつける面接が最終面接
ジャッジの迷ったときの対策	●次のジャッジに上げる —分からなければ積極的に次の面接へ。あまり自己判断だけで落とさず、摺り合わせを基本とする	⇔	●落とす —レベル面で迷う人物は基本的に採らない

図8－2｜選考の各段階におけるジャッジ

礎能力は一定以上で、パーソナリティも自社の事業や風土に合っている人に絞られています。しかし、採用枠に制限がある以上、当然ながら採用の優先順位を付けなくてはなりません。

優先順位は、「レベル」で付けるほかありません。極論を言えば、最終選考に臨む学生は全員「求められる基礎能力やパーソナリティを持っている人」です。そのなかで、相対的に「レベルが高い」人を見出すのが最終面接の役割なのです。

レベルを見るには、時間をかけて詳細に話を聞き、できるだけ具体的な情報をヒアリングします。その上で、同じ傾向の能力やパーソナリティを持つ人々のなかで、目の前の人がどのレベルかを判断します。その方法は実は、一つしかありません。すなわち、採用担当者の頭にある「人物データベース」と比較するのです。「自社の誰かと比較してどうか」「これまで会ってきた候補者の誰と似ているか」で判断するほかありません。そのため、最終面接の担当者は、比較対象となる人物像が多く持つ経験豊かな人でなければならないのです。

8・2 候補者のポテンシャルを見抜く

■抽象的な主観ではなく、過去のエピソードを聞く

ポテンシャルを見抜くインタビューには、方法論が存在します。その基本的なポイントは、「過去のエピソードを聞く」「わかりやすいエピソードを選ぶ」「ディテールを深掘りする」の3つです。これにより、候補者の思考特性・行動特性を探るのです。

候補者、特に新卒学生は面接に臨む際、事前に「自己PR（私はこのような人です）」と「志望動機（御社をこういう理由で志望しています）」を準備してくることがほとんどです。そのため、自由に話してもらうと、話題の中心はこの2つになってしまいがちです。

しかし、「自己PR」で語る自らの「強み／弱み」や「志望動機」は、多くの場合、主観的で抽象的です。これは、仕事経験の少ない新卒学生はプロフィール上、訴えるべき実績を持っていないためです。そして、抽象的な強みや弱み、志望動機をいくら聞いても、候補者の特性はわかりません。

ですから、面接でまず聞くべきは、より客観的でより具体的な応募者の「過去のエピソード」で

す。先の自己ＰＲも志望動機も、背景には何らかのエピソードがあるはずです。インタビューでは、エピソードに対する彼らの解釈ではなく、その事実そのものを丁寧にヒアリングしましょう。この過程で、「コミュニケーション力」や「論理的思考力」などの基礎能力がわかるのです。

■わかりやすいエピソードを選ぶ

どんな人でも、過去にたくさんのエピソードを抱えています。面接において候補者は、そのなかから自らが面白いと思ったものを選択して話をします。しかし、面接する側は、必ずしも彼らが選択したエピソードを聞きたいわけではありません。候補者にとっては重要でも、聞いている側には響かないからです。では、どんなエピソードを面接で聞くべきでしょう。

答えは、わかりやすいエピソードです。まず、「１人で頑張ったこと」よりも「人と関わって頑張ったこと」を聞きましょう。応募者の人となりを理解できるからです。もちろん、１人で頑張ること自体の価値を否定しているわけではありません。ただ、マラソンのトレーニングや楽器の習得、受験勉強や資格試験などのエピソードからは、勤勉さや忍耐強さなどの性格はわかっても、組織で仕事する上で重要となる、人と関わるときの行動特性や思考特性はわかりません。

また、「順風満帆なエピソード」よりも「苦労した話」の方が、その人の行動特性が読み取れます。順風満帆な状況はあらゆることが追い風になっている「(単に)ラッキーな状況」であることも多く、成果を生み出す上でその人が何にどれだけ貢献したかはわかりません。一方、何らかの壁にぶつかったり、トラブルを乗り越えたりした話には、その人の力が発揮された生の情報が詰まっています。

わかりにくいエピソード	わかりやすいエピソード
●ひとりで頑張ったこと ●順風満帆な話 ●好きなことについて ●短期間での出来事	●人と関わって頑張ったこと ●苦労した話 ●嫌なことを楽しんだこと ●長期間に渡る出来事

図8−3｜わかりやすいエピソードとわかりにくいエピソード

「好きなこと」についての話もわかりにくくなりがちです。人は自分が好きなことには、頑張るものです。しかし、そこでの頑張りが「好きでないもの」で発揮できるかはわかりません。むしろ、「嫌なことを工夫して楽しんだこと」のエピソードに、仕事で発揮できる特性を発見できます。

最後に、「短期間の出来事」のエピソードよりも、「長期間に渡る出来事（習慣）」のエピソードを聞きましょう。能力や性格は、「行動や思考の習慣」です。そして習慣とは、基本的に「長期間に渡る繰り返し」です。短期間の出来事では、その人に身に付いているものはわかりません。長期間に渡る出来事こそが、再現性のあるその人の特性なのです。

難易度の高いパーソナリティの評価が、これによって可能になるのです。

■ディテールを深掘りする

候補者に聞くエピソードを選んだら、今度はそれを「役割」「程度」「動機」の3方向から深く掘り下げましょう。「最終的な評価（優先順位付け）」に必要なディテールの情報を収集するのです。

役割	程度	動機
●企画者や主催者なのか、何かのチームリーダーなのか、裏方の一員なのか ●具体的には何を担当したか（全体の企画、出演者の交渉、行政や会場との交渉、宣伝、集客、会場整備……） ●組織全体はどのような風土・文化であり、どのように運営していたか など	●動員数 ●出演者数 ●スタッフ数 ●準備期間 ●予算とその獲得方法 ●収益規模 ●会場規模	●音楽が好きだったから ●もともとそのイベントが好きだったから ●やりがいのあることをしたかったから ●その組織の文化や風土が好きだったから ●将来の仕事につながる経験がしたかったから ●お金が欲しかったから など

図8－4｜深掘りすべき具体的エピソード（例：音楽イベントを開催した場合）

役割の深掘りでは、そのエピソードの「舞台環境」がどのようなもので、そのなかで候補者がどのような役割を担っていたかの情報を収集します。具体的には、「どのような人と一緒にやったか」「どういう風土・文化のチームや組織だったか」「指揮命令系統（先輩や同期、あるいは上司や同僚との関係性）はどうか」「業務分担や目標はどうなっていたか」「追い風が吹いていたか向かい風だったか」などです。これらは、その人が実際にやったことを判断する上でのベースとなります。

程度の深掘りでは、その人がやったことのレベル感、言い換えれば「難易度」や「希少性」の情報を押さえます。程度を押さえる上での基本は、「できるだけ数字に落とす」ことです。「どれくらいの期間」「何人ぐらいが関わって」「どのような苦労があり」「どのぐらい希少性のあることをやったか」の情報を集めます。例えば、「音楽イベントを企画・実行した」エピソードであれば、動員数や運営スタッフ数、収益の規模、会場規模や準備期間など、できるだけ数字に落とし込んで聞きましょう。

そして、動機の深掘りでは、そのエピソードにおける候補者の「モチベーション・リソース（やる気の源）」を探ります。高い成果を上げるには、そのベースとなるエネルギーが必要です。そのエネルギーが何から生まれているかを知ることで、「自社の仕事においても同様に成果を上げるために頑張ってもらえるか」を判断できるのです。

以上のように、顕在化している結果の表層だけではなく、具体的な中身や結果に至る背景を丁寧にヒアリングすることで、実績では判断できない、新卒学生のポテンシャルを見抜き、評価するのです。

8・3 合格率を計画通りに着地させる

■次に進む候補者の割合を日々、モニタリングする

「会話を通じて人を評価する」面接は、筆記試験や適性検査などと異なり、評価基準が曖昧で、明確な数値化が難しい選考手法です。面接選考では、一度の面接で極端に候補者を絞り込むと失敗します。「絶対音感」を持つ人が少ないように、人のレベルを判定する感覚、つまり「絶対人感」を持つ人は非常に稀です。人事担当者は、面接選考の精度を向上させるため、「初期・中期・最終

選考で次に進める候補者の割合」を日々、モニタリングしなくてはなりません。

一般に、大企業の一回当たりの面接選考通過率は、3～4割程度と言われています（4回程度の面接選考で最終的に「合格率（合格者÷受験者）＝約1％」を実現するため、1回あたりの選考通過率はこうなります）。ただし、この数値は、選考期間全体を通じての平均値であり、選考期間の前期と後期で合格率を変える必要があります。

具体的には、「採用期間初期の合格率は高く、後期は低く」設定するのです。これは、優秀な人材が他社に決まってしまった後期には、初期よりも優秀な候補者との遭遇率が低いためです。逆に、初期の面接選考では選考通過率を5～6割に設定しましょう。最初から厳格に3割～4割に設定すると、本来内定を出すべき優秀な人材を落としてしまいかねません。実際、「初期に会った人の方が良かった。落とさなければ良かった」と後悔している人事担当者の話をよく聞きます。

面接選考通過率の設定は非常に難しく、採用コンサルティングの現場でも、基本的には経験に基づきながら試行錯誤するほかありません。採用責任者は日々、選考通過率を睨みながら、チームで数字を共有することにより、最終的な合格率を計画通りに着地させるのです。

合格率が計画よりも下回った場合（上回ることはほとんどありません）、いったん不合格にした人を救い上げることも必要でしょう。不合格者の資料を見て、可能性のありそうな人を救い上げて合格させることで、合格率を調整している会社もあります。

最後に、採用責任者が絶対にしてはいけないことをお伝えしましょう。それは、面接担当者に対して、「なぜこんな人を上げたのか」と非難することです。感情的に叱責するなど、もってのほかです。

面接担当者は確かに、自分が合格させた理由をきちんと説明する責任があります。しかし採用責任者が必要以上に理由を求め過ぎると、面接担当者は「学歴が高いなど、明確なエビデンスのある人、理由を説明できる人」、つまり「無難な人」だけを合格させるようになります。当落線上にいる応募者、癖のある尖った人材、良さそうだがエビデンスのない人などを落とすのです。その結果、ポテンシャルのある人材、特に「わかりにくいけど、得難い」人材を逃してしまいかねません。

8・4　アセスメントに共通言語が必要な理由

■体系的な評価には共通言語が必要

面接での評価の方法は、体系的かつ普遍的でなくてはなりません。さもないと、面接担当者や面接時期の違いによって、評価がぶれてしまうからです。そこで重要になるのが、「人を表現する言葉＝アセスメントワード」の種類を増やし、採用チーム内でアセスメントワードの意味を共有できるようにしておくことです。

そもそも採用チームは、面接選考などで「具体的な情報」を十分集めたら、「候補者がどのような人か」を見立てます。その際に使われるのが、アセスメントワードです。逆に言えば、使用するアセスメントワードによって、表現の質が左右されるのです。

もし、採用チームのアセスメントワードの種類が乏しければ、いくら具体的な情報を集めても、

人に関する「方言」	人に関する「標準語」
●日常的な言葉を使っているので自然 ●定義が曖昧で、人によって、組織によって、意味合いやニュアンスが異なる ●内輪においてはスムーズに通じるが、外部の人にはなかなか伝わらない ●世代を超えていくうちに、知らない間に言葉の意味合いが変わっていること	●表現としてはやや硬い言葉 ●定義が厳密で、人や組織によって意味合いやニュアンスが変わることはあまりない ●外部の人にとっても理解しやすく、伝わりやすい ●時代が変われば、明確に意識的に修正していくことができる

図8－5｜人に関する表現の「方言」と「標準語」

その表現は「彼は元気で良い人だ」「コミュニケーション力はありそう」「頭が良さそう」程度となり、深掘りした内容をチーム内で十分共有できません。

また人を表現する言葉は、立場や関係性、年令や性別、置かれた状況や属する社会などによって多種多様です。会社内で使われている言葉の多くは、「その会社や組織に特有の言語＝方言」に過ぎません。面接選考で使うアセスメントワードは、「採用に関わるスタッフ全員がわかる言語＝標準語」にしておかなければ、きちんと意味が伝わるかは疑問です。

特に新卒採用は、外部の人と協力して実施する大規模プロジェクトです。アセスメントワードとして標準語を使用することは、ある意味、必須と言えるでしょう。図8－5に、アセスメントワードの方言と標準語の違いをまとめておきます。

意外に感じるかもしれませんが、よく使われる手垢のついた言葉ほど、会社ごとに異なる意味で使われています。「地頭」「コミュニケーション能力」「論理的思考能力」「ストレス耐性」「自律性」「主体性」「イニシアティブ」「意欲」「自信」といった頻出キーワードは良い例です。こうしたキーワードは、採用チーム内で定義を確認し、認識を共有しておきましょう。

次項以降で、これら頻出ワードの意味を確認していきます。

8・5 能力を表すアセスメントワード

■「地頭」「コミュニケーション力」「論理的思考力」には様々な意味がある

「地頭」「コミュニケーション力」「論理的思考力」というキーワードは、採用ホームページの「求める人物像」のコーナーで見ない日がないほど、採用の現場でよく使われています。しかしその意味は、会社によって多種多様です。様々な会社の経営者や採用担当者と会話した経験から、「地頭」「コミュニケーション力」「論理的思考力」というキーワードは、多くの場合、ある「4つの能力」のいずれかを表すことがわかってきました。つまり、多くの会社が地頭、コミュニケーション力、論理的思考力という言葉を、それぞれ別の意味で使っているのです。

図8－6における上の長方形は「曖昧で具体的な現実世界」、下の長方形は「明確で抽象的な概念世界」を指します。4つの矢印は、その世界間（もしくは世界内）における思考です。①は具体→抽象、すなわち「具体的なものを抽象化する力＝抽象化力」、②は抽象→抽象、すなわち「抽象的

な概念から別の抽象的な概念を導く力＝展開力」、③は抽象→具体、すなわち「抽象的な概念を具体的なもので表す力＝具体化力」、④は具体→具体、すなわち「具体的な事物同士の関連性を見出してつなげる力＝連結力」となります。それぞれの意味を解説しましょう。

抽象の世界
②展開力
③具体化力
①抽象化力
④連結力
具体の世界

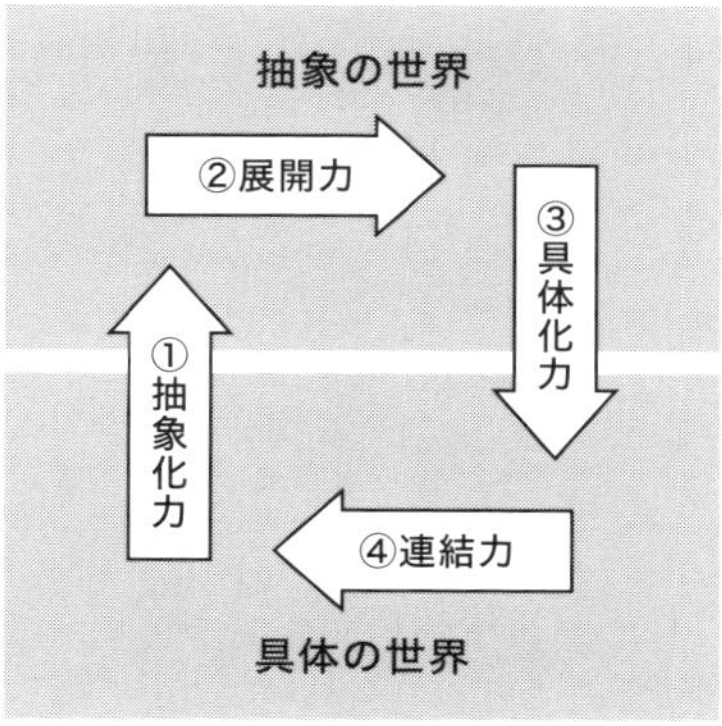

図8－6｜頻出ワードが表す4つの異なる意味

■分類①：抽象化力（具体→抽象）

抽象化力は、日常生活における「空気や場、文脈を読む」「気が利く」ことに関連する力です。現実世界の曖昧な事物から「要はどういうことなのか」を解釈する力、すなわち「本質を読み取る力」なのです。面接で聞いた情報から、その人が「ある事柄をどのように的確に解釈するか」「経験からどれだけのことを学び取るか」などから、この力は判断できます。

■分類②：展開力（抽象→抽象）

展開力は、厳密な意味での「論理的思考力」とほぼ同じ意味です。つまり、明確に定義されたある概念から別の明確な概念を導き出す力なのです。ある概念から、その人が「どれだけ面白い／興味深い結論を引き出せるか」「論理の筋道がどれだけ緻密で正確か」「長く複雑な論理をたどれるか」などから、この力は判断できます。

■分類③：具体化力（抽象→具体）

具体化力は、日常的な言葉で言えば「表現力」とほぼ同じ意味です。つまり、明確だがイメージを伝えにくい抽象的な概念を具体的なものに置き換えて他者に伝える力なのです。何らかのメッセージを伝える際、その人が「どのような比喩や例示や語彙を使えるか」「伝えた内容が的確でわかりやすいか」などから、この力は判断できます。

■分類④：連結力（具体→具体）

連結力は、日常的な言葉で言えば、「連想力」や「発想力」とも言える力です。具体化力のように抽象的な概念を論理でつなげるのではなく、一見つながりがない具体的な事物同士に共通する要因を見つけるのです。これはある意味、「直感」に近い概念かもしれません。

■4つの力が頻出ワードの正体

実はこの4つの力が、採用現場でよく使われている地頭、コミュニケーション能力、論理的思考力の正体です。多くの人事採用担当者がこれらの言葉を使うとき、ほとんどの場合、この4つのいずれかを指しています。

たとえば、同じコミュニケーション能力と言っても、「空気が読める」ことを指す人もいれば、「メッセージを伝える例示が適切でわかりやすい」ことを指す人もいるわけです。あるいは、同じ論理的思考力と言っても、「話の筋道がはっきりしていてわかりやすい」ことを指す人もいれば、「一つのテーマから関連する事物をどんどん発見して、話を大きく広げてくれる」ことを指す人もいます。採用担当者は、現場社員や経営者の言った言葉をそのまま鵜呑みすることなく、意味をブレイクダウンして「一体それは何を指すのか」を明確にしなければなりません。

なお私見ですが、ビジネスの現場で、厳密な意味での展開力が求められることはありません。ビジネスに求められる論理性は、数学や哲学などと比較して、極めて単純です。論理的思考能力がもてはやされる現状をつねづね不思議に思っていましたが、あるとき、多くの人が論理的思考能力と呼ぶものは実は「本質を読み解く力（抽象化力）」であることに気付き、納得がいきました。

8・6 性格を表すアセスメントワード

■ストレス耐性は、ストレスに強い要因で分類

ストレス社会と呼ばれるようになって久しい現代、メンタルヘルスの問題は企業においても日常的な課題となっています。採用条件にも、「ストレス耐性」を挙げる会社が激増していますが、このストレス耐性という言葉も曲者で、文脈によって様々な意味で解釈されます。

ストレス耐性というワードは実は、「ストレスに強い要因」によって分類できます。

まずは、「ストレスに強い要因＝刺激に鈍感」、すなわちストレス源を感じないケースです。この場合、ストレス耐性は感受性とのトレードオフになります。そのため、B2Cのサービス業の会社が、鈍感からくるストレス耐性が高い人を採れば、そもそもその職業に向いていないことにつながりかねません。

次に、何か問題が起こったとき、その責任を自分ではない他者に押し付ける人も、ストレス耐性の高い人です。

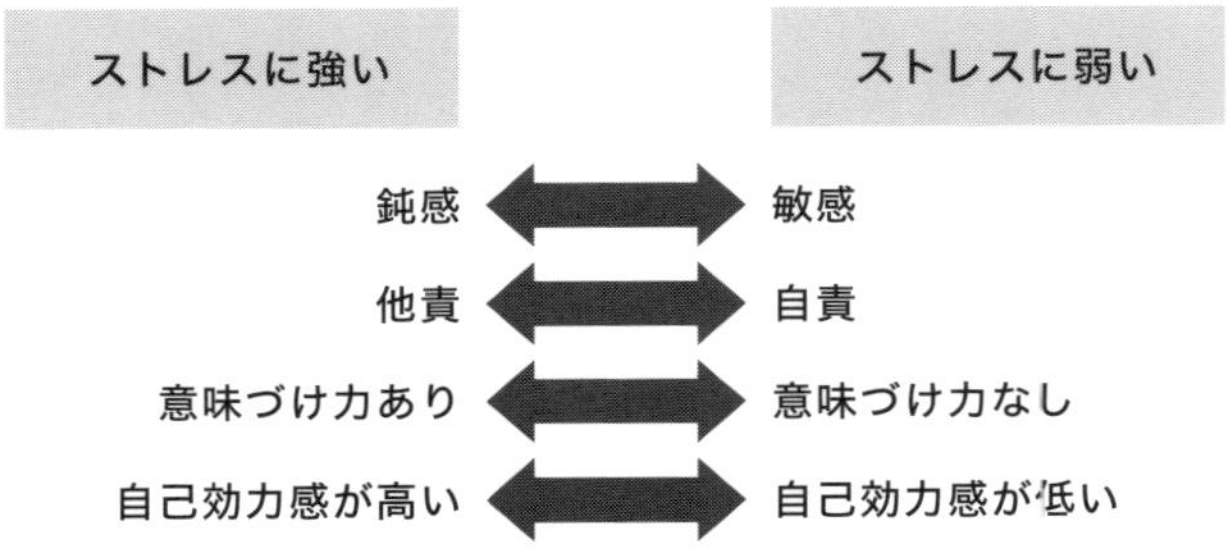

ストレスに強い		ストレスに弱い
鈍感	⇔	敏感
他責	⇔	自責
意味づけ力あり	⇔	意味づけ力なし
自己効力感が高い	⇔	自己効力感が低い

※どうしてストレスに強いのか。「筋のよいストレス耐性」か要検討

図8−7｜「ストレス耐性」の様々な要素

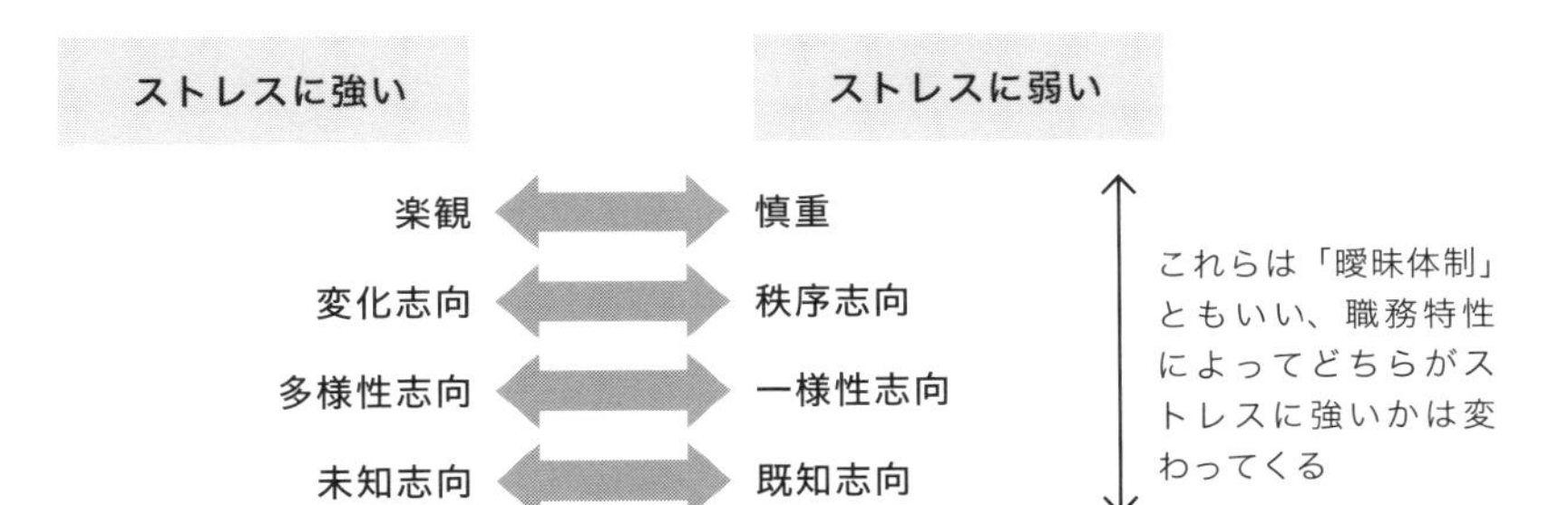

図8－8｜ケースによって意味が逆になる「曖昧耐性」

この「ストレスに強い要因＝他責」のケースも、望ましい特性とは言えそうにありません。責任転嫁する傾向が高い人につながるからです。とはいえ、他責は必ずしも悪いばかりではありません。「自責」の人は問題を「自分が変わる」ことで解決しようとしますが、他責の人は問題を「他者（環境）を変える」ことで解決しようとします。つまり、他責の人には「変革者」の素養があるのです。

「意味付け力がある」人もまた、ストレス耐性が高くなります。これは、自分の仕事を、自分のキャリア観や価値観に結び付けて意味付けできるため、ストレスに対処しやすくなるからです。同じ仕事をしていても、そこに意味があると感じる人は疲れやストレスを感じず、意欲的に取り組めます。そして、あまり根拠がなくても「やればできる」と思える「自己効力感の高い」人も、逆境やチャレンジングな場でも堂々と自信を持って臨み、あまりストレスを感じません。

なお、ストレス耐性と密接な関係のある性質に「曖昧耐性（曖昧なことに耐え得る力、曖昧な状況を好む志向）」があります。

一般に、曖昧耐性の高い人は「楽観」「変化志向」「多様性志向」「未知志向」といった特性を、曖昧耐性の低い人は「慎重」「秩序志向」「一様性志向」「既知志向」といった特性を持っています。こうした特性は、関わる業務によってストレス耐性との関係性が180度変わります。

細かく正確な事務作業が求められる場合、曖昧耐性の低い人ほど、業務のストレス耐性は高くなります。一方、新規事業の企画などでは、曖昧耐性が高くないとストレスを強く感じます。このように、ストレス耐性は業務とも密接な関係があるのです。

■主体性は、取り巻く環境の捉え方で分類

「指示待ち族ではなく、自ら動ける主体的な人がほしい」などのように、「主体性」という言葉も採用現場でよく使われます。一部の企業は、「自発性」「自律性」「イニシアティブ」などの言葉を、「リーダーシップ」と同義語として使っています。いずれも肯定的な意味で使われますが、実は必ずしもプラスの側面だけではありません。

主体性はある意味、「自分を取り巻く環境をどう捉えるか」で決まります。「今の環境は動かせない前提条件」と無意識に考える人は主体性が低く、「今の環境は目的に応じていくらでも変えられる」と考える人は主体性が高いわけです。

しかし、主体性のある人が決められたマニュアル通りの作業が求められる現場に配属されたらどうなるでしょう。便宜的に作られたルールや枠、制約条件などをどんどん変えて、現場に混乱をもたらすかもしれません。こうした現場には、環境を変えようとは思わず、敷かれたレールの上を走

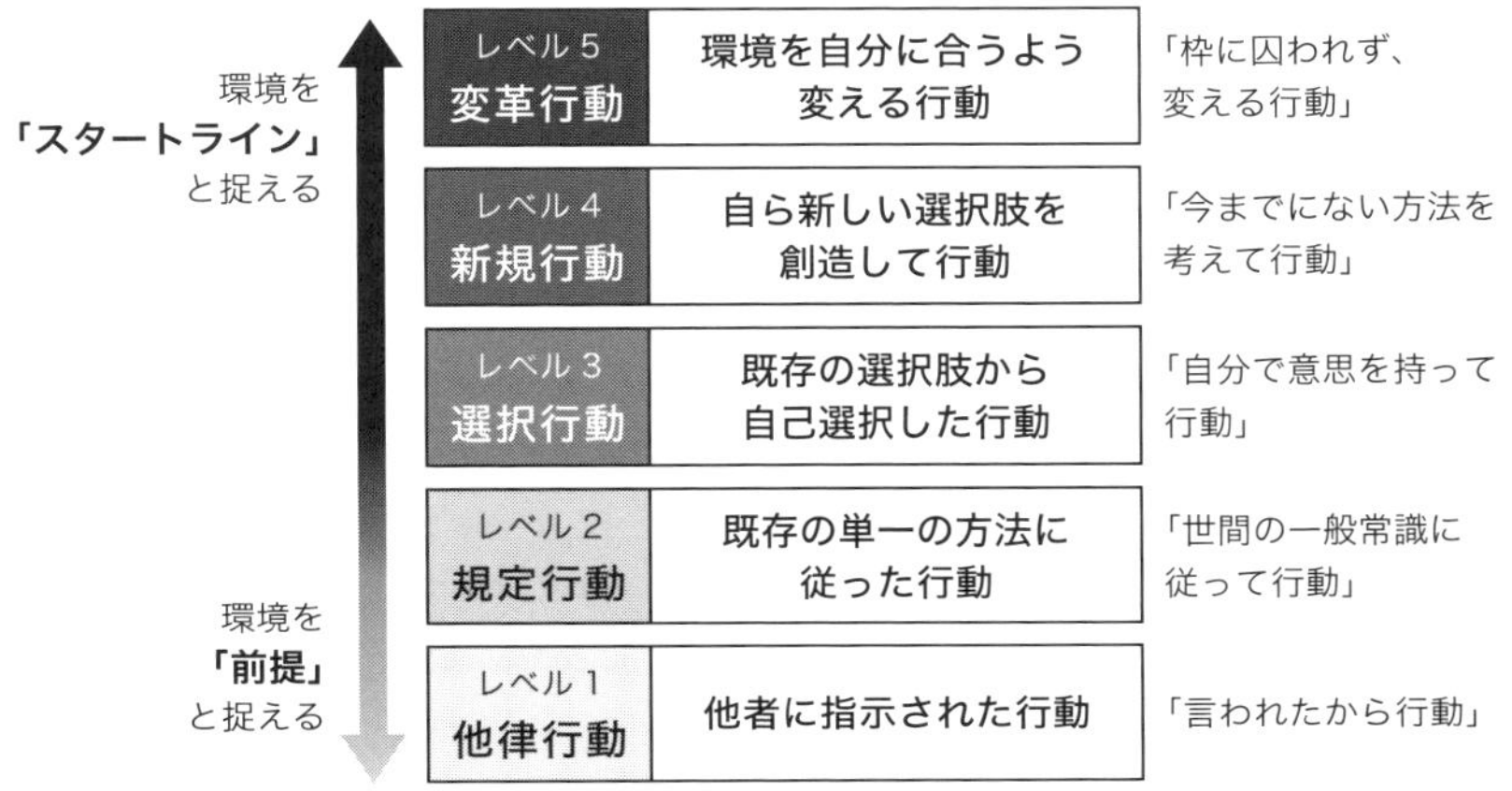

環境を
「スタートライン」
と捉える

環境を
「前提」
と捉える

レベル5 **変革行動**	環境を自分に合うよう変える行動	「枠に囚われず、変える行動」
レベル4 **新規行動**	自ら新しい選択肢を創造して行動	「今までにない方法を考えて行動」
レベル3 **選択行動**	既存の選択肢から自己選択した行動	「自分で意思を持って行動」
レベル2 **規定行動**	既存の単一の方法に従った行動	「世間の一般常識に従って行動」
レベル1 **他律行動**	他者に指示された行動	「言われたから行動」

図8−9｜環境の捉え方によって変わる行動パターン

る人が合っているケースが多いのです。

つまり、「主体性があることは無条件に良い」とは言えません。

以上、「人を表現する言葉」について考えてきました。同じ表現の言葉でも、その解釈が様々であることがわかったはずです。

言葉の解釈がばらばらな組織でスムーズな議論はできません。採用現場では、「標準語」を決めて、人をアセスメントしなくてはならないのです。

9章 優秀層を確保する

9・1 候補者に優先順位を付ける

■自社に在籍する社員がベンチマークとして最適

最終面接では、学生の「相対的な」優先順位を付けます。しかし、これは非常に難易度の高い作業です。比較対象のない状態では、自社の求める人材像との合致度を測れないからです。そのため、最終面接では候補者と「具体的な誰か」とを比較して順位付けすることになります。

ベンチマークする具体的な誰かは、自社に在籍している社員が最適です。できれば、人事担当者全員が知っている人がいいでしょう。ただし、新卒学生は原石なので、中堅以上のスター社員よりは、1～3年目あたりの若手ホープをイメージした方がやりやすいはずです。もしスター社員をベンチマークにするのであれば、現在の彼／彼女ではなく、新人の頃の彼らをイメージしないと、基準が高くなり過ぎます。

現在選考している候補者をベンチマークにすることも可能です。候補者のなかに「ボーダーラインとなる人」を設定し、それを採用チーム内で共有するのです。ただし「ベンチマーク」は不動でなく、景気動向や自社の状況、目標とする将来像などによって毎年変化します。労働市場の変化で、残念ながら基準を下げざるを得ないこともあります。大切なのは、その時点でベンチマークとなる人間を明確に設定し、それを採用チームで共有することです。

■最終面接の担当者は人数を絞り込む

人材を相対的に判断する最終面接は、少数の担当者で実施するのが理想です。最終面接担当者が多いと、面接官によって、ジャッジにばらつきが出て、優秀層から順に採用できなくなってしまうからです。また1人が一定数以上の候補者を面接しないと、目の前の候補者が全体のどこに位置付けられるかがわかりません。

最終面接を大勢で分担せざるを得ないのであれば、最終面接の一つ前の面接を少人数の面接官が担当し、その段階で候補者に相対的なレベル感を付け、その情報をベースに最終面接官が判断するようにしましょう。「この人はボーダー」「この人は優先順位が高い」などの情報をあらかじめ共有するのです。

なお、採用の基準は、採用数にも左右されます。理想的には、採用数に関わらず、一定レベル以上の人材を採用したいはずです。しかし実際は、採用数を多く設定すれば、採用基準は下がります。

採用基準を必要以上に下げないためにも、最終候補者に優先順位を付けて、「どこまで（何番目まで）採用するか」を決める必要があるのです。

9・2 どうすれば、優秀層から順に採用できるか

■問題①「時期ズレ」：合格率を採用活動期間ごとに設定する

人材の優秀さや求める人物像との合致度のみで採用を判断できればいいのですが、新卒採用の場合、そうはいきません。難しい原因は2つあり、1つは「時期ズレ」、もう1つは「採用辞退」です。

時期ズレとは、採用活動期間の初期に応募してくる候補と、採用活動期間の中後期に応募してくる候補をリアルタイムで比較できない問題です。初期に応募してくる候補はその分早く最終選考に臨みます。その時点で、中後期に応募してくる候補はまだ初期選考の段階です。そのため、両者を厳密に比較できません。相対感などで、採用の可否を判断しなくてはならないのです。

この時期ズレへの対策として、知っておくべき黄金則があります。それは、「新卒・中途を問わず、ほとんどの採用において、初期の応募者の方が優秀層であることが多く、内定が出る確率も高い」というものです。選考期間全体を通じての面接の合格率が40％なら、初期は60％、中期は40％、後期は20％というように漸減していくのです。

この法則を知らないと、初期の候補者集団にも、中期の候補者集団にも、後期の候補者集団にも均等に採用枠を振り分けてしまいます。すると、本来合格させるべき初期の応募者を落とし、本来

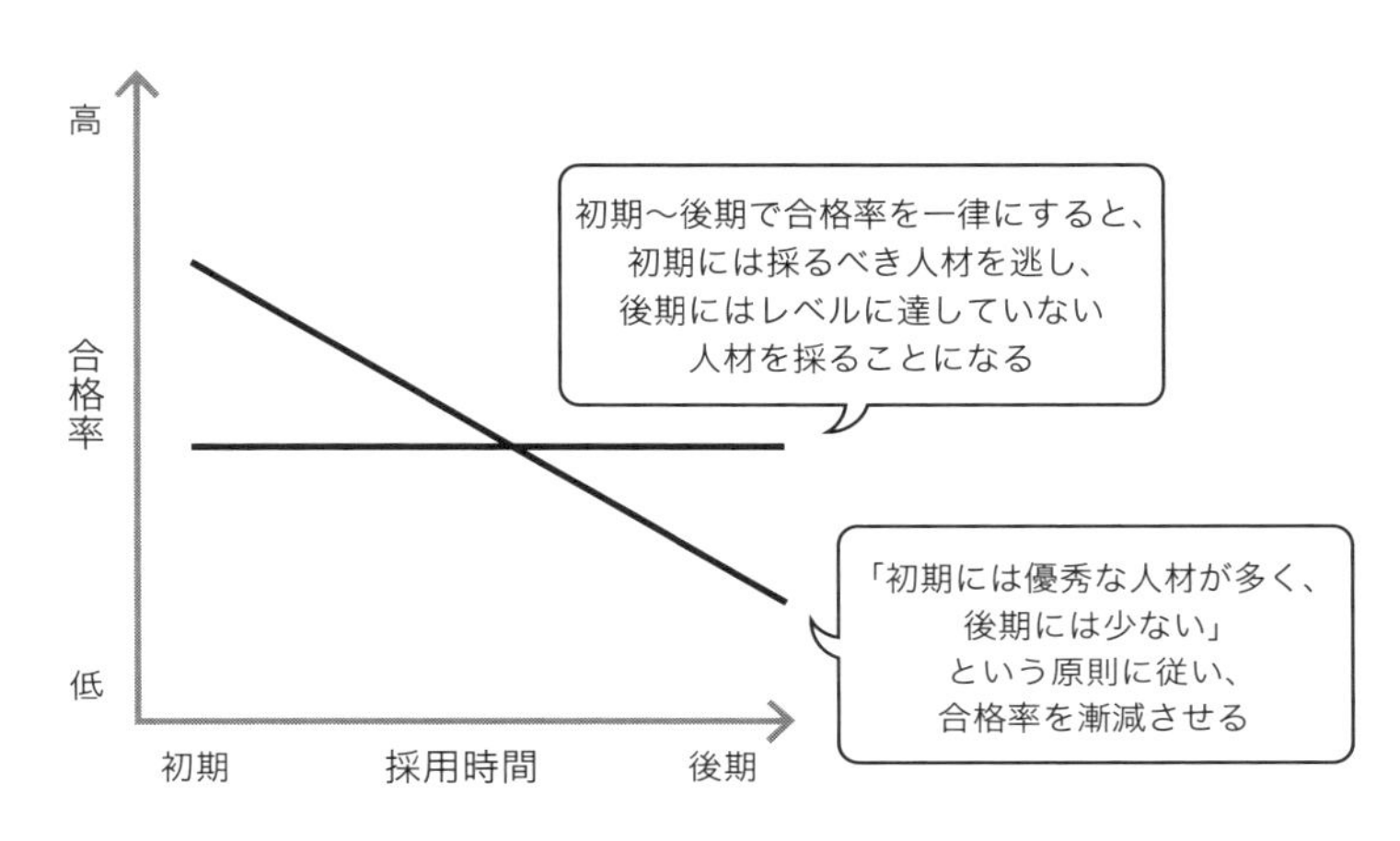

図9－1｜時期によって合格率を変動させる

合格させるべきではない後期の応募者を採用してしまいます。これを防ぐには、合格率を採用活動期間ごとに初期〈中期〉後期の順で設定し、各期間の応募集団から採用するおおよその人数を決めておく必要があります。

■問題②「採用辞退」：採用可能数を予測する

採用辞退は、内定を出した優秀な学生が引手あまたで内定を辞退することです。いくら優秀層から順に採りたくても、上から順には入社してくれません。実際はその逆で、上位の内定者ほど内定辞退する確率は高くなります。「内定数＝内定を出した数」と「採用可能数＝入社を決めた数」を分けて考えなくてはならないのです。

採用チームは、採用活動期間中、採用可能数の予測をリアルタイムで把握しなくてはなりません。採用可能数は通常、最終面接の一つ前の面接合格者数をベースに予測します。また多くの企業は、１つ前

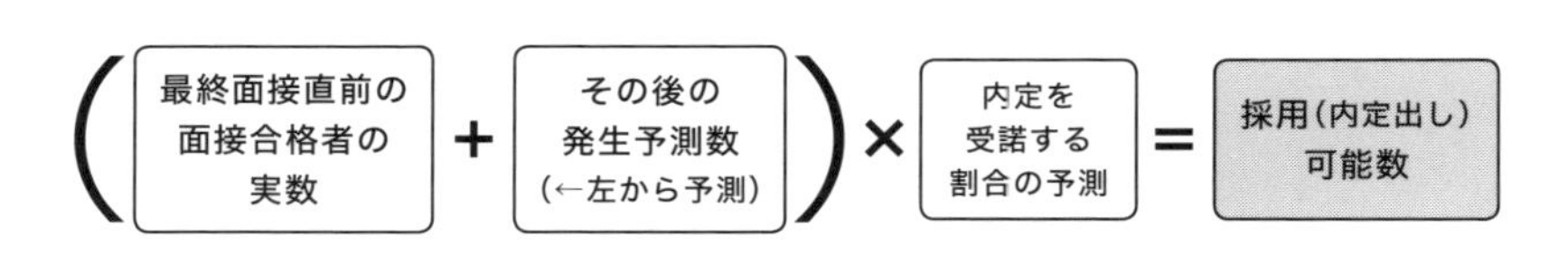

図9−2｜採用可能数の計算式

でなく、最終面接での内定者数をベースに、採用可能数を算出していますが、本来、採用可能数は、内定（＝最終面接合格）を出す基準をどこに設定するかの検討で使われるものです。そのため、ベースとするべきはその1つ前の段階での数字でなくてはなりません。具体的には、最終面接直前の面接合格者の「その時点での実数」から「その後の発生予測数」と「内定を受諾する割合」を予測し、それらを掛け合わせることで「採用（内定出し）可能数」を割り出すのです。この数が採用目標数に達していなければ、最終面接の担当者に状況をフィードバックし、「内定出しの基準を下げる」「採用目標数自体を見直す」といった措置を取ります。

逆に、採用可能数が採用目標数を超えていれば、内定出しの基準を上げます。基準を変えないと、本来枠内に入れるべき優秀者の最終面接を実施する前に、内定を多く出し過ぎて、優秀な層に合格を出せないことにもなりかねません。

新卒採用活動は長期間に渡る大規模プロジェクトであるため、優秀層から採用するという一見簡単に見えることも、様々な細かい工夫が必要なのです。

9・3 内定者フォローの時間を確保する

■選考プロセスの工夫が必要になる

「内定＝採るべき人が明確になった」後に力を抜いたことで、内定者が他社に行かれては、それまでの努力が水の泡です。では、内定者をどのようにフォローすればいいでしょう。

内定者をフォローするには、まず採用担当者のパワー配分を見直す必要があります。すなわち、「採用担当者は優秀層のフォローに一番時間を使っている」状態を作るのです。

多くの企業は、これがほとんどできていません。説明会や適性検査、1次面接といった初期選考の作業に多くの時間を費やし、隙間の時間で内定者をフォローしています。しかし、これでは本末転倒です。1次面接で100名の中から1人の内定者に出会うには、学生4人を相手にする1回1時間のグループ面接だけでも25時間が必要です。しかもその後、2次面接、3次面接を行っていることを考えると、1人の内定を出すまでに膨大な時間をかけている計算になります。数回のスクリーニングでようやく見つけ出した1人の内定者と2時間みっちり膝を突き合わせて話をすることは、100名規模の会社説明会を2時間実施するよりも価値が高いのです。

採用担当者のパワーを確保するには、まず選考プロセスを工夫しなくてはなりません。具体的には、初期の説明会や1次面接の頻度や人数、そしてその担当者を検討しましょう。特に採用責任者は、大雑把でも構わない初期選考でなく、内定者と親密な関係を築くこと、フォローすることに時間を割くべきです。

選考プロセスの工夫には、以下のような手段があります。

図9−3｜選考プロセスの工夫

選考プロセスの工夫
適性検査の利用
アウトソーシングの活用
セルフスクリーニングの促進
現場の社員や管理職への協力依頼

■選考プロセスの工夫①：適性検査の利用

まず挙げられるのが、「適性検査の利用」です。適性検査は合格率をコントロールしやすいため、初期選考で利用すれば、面接にかかる採用担当者のマンパワーをかなり削減できます。

信頼度の高い適性検査の精度は一般に、あまり訓練されていない初期選考の面接官よりも高くなります。面接選考では通常、能力やパーソナリティといった「目に見えないものを見る」ため、人によって評価にばらつきや偏りが生じます。そのため初期選考では、面接よりも適性検査の方が手段として優れているかもしれません。ただし、適性検査には一般に一人あたり数千円程度の費用がかかり、1万人規模で実施すれば数千万円のコストが発生します。ただし最近は、廉価で優れた検査も登場し、利用のハードルは下がっています。

■選考プロセスの工夫②：アウトソーシングの活用

「アウトソーシングの活用」も有効です。1次選考など初期の選考では「基本的な能力」を評価します。基礎能力であれば、見るべきポイントはどの会社もあまり変わりません。一般的な観点のみの評価であれば、採用アウトソーシング会社などへの外部委託も有力な選択肢です。

アウトソーシング会社は、様々な会社の採用選考を受託しているため、世間一般の「人材相場観」を持っています。こうした相場観も有用かもしれません。

【メリット】

・合格率をコントロールしやすい
・面接より精度が高い場合がある
・マンパワーを削減できる

【デメリット】

・コストがかかる

図9－4｜適性検査のメリット・デメリット

■選考プロセスの工夫③：セルフ・スクリーニングの促進

ＰＵＳＨ型の採用プロモーションを重視する場合、候補者のセルフ・スクリーニングを促すことで、候補者集団を絞り込んでもいいでしょう。一般にきちんとした手法でセルフ・スクリーニングを実施すれば、ＰＵＳＨ型はＰＵＬＬ型よりも、数倍～10倍程度内定率が高い候補者集団を形成できます。ＰＵＳＨ型による候補者集団には、自社の求める優秀層がそれだけ多いからです。効率の良いＰＵＳＨ型を増やせば、人数は多いが効率の悪いＰＵＬＬ型からの候補者集団を減らしても、採用目標数を達成できるのです。

セルフ・スクリーニングでは、採用広報のクリエイティ

【メリット】
・自社独自の観点でなく、労働市場全体を見通した、一般的な観点で評価できる
・自社のマンパワーを削減できる
【デメリット】
・コストがかかる

図9−5｜アウトソーシングのメリット・デメリット

【メリット】
・PULL型より高い内定率が見込める母集団形成ができる
・母集団の大小のコントロールが容易
【デメリット】
・PULL型より手間がかかる
・設計によっては、志望度が低い（しかし優秀な）学生の応募が減ることもある

図9−6｜セルフスクリーニングのメリット・デメリット

ブのトーンを厳しめにしたり、高い選考基準を明示したり、負荷の大きいエントリーシートを必須にしたり、説明会への参加を必須にしたりといった方法が採られます。つまり学生側の手間や心理的負荷を増やすことで、志望度の高い学生だけが応募してくるように仕向けるのです。

■選考プロセスの工夫④：現場や管理職への協力依頼

採用担当者の負荷を下げる上で最も効果的なのは、実は現場の社員や管理職層に協力を仰ぐこと

です。彼らの力を借りて初期の選考などを実施し、その空いた時間を優秀層のフォローに充てるのです。

採用は本来、人事だけでなく、全社員で実施すべき組織の重要課題です。また、採用活動に携わることで、社員自身が初志を思い出してモチベーションをアップしたり、会社のビジョンが浸透して組織の一体感を生んだりと組織開発にも役立ちます。これを逃す手はありません。

【メリット】

・全社員が「採用」「組織」の重大性を意識する
・リクルーティングを担当した社員自身のモチベーションが上がる

【デメリット】

・現場の社員や管理職は人事のプロではないため、精度にムラが出る
・本来の業務以外の仕事を頼むため、不満が出る

図9−7｜現場・管理職による協力のメリット・デメリット

以上のように、「優秀層から採用する」ことには、一口には言えない難しさがあり、労力も時間も工夫も必要となります。完全な売り手市場と直面する採用現場には、「優秀層から採用するなど理想論だ」「こっちは予定数採用するだけでヒィヒィ言っている」という意見もあるでしょう。しかし採用プロセスを工夫し、人事部のマンパワーを有効活用すること、内定者フォローに力を入れることは可能です。そしてそうした努力が、少しでも優秀な人材の確保につながるのです。

9・4　内定者フォローでは心理的事実を聞く

■心理的事実の変化が入社につながる

採用選考と内定者フォローでは、候補者に聞くべき情報は異なります。

採用選考で聞くべきは、候補者が過去に行ってきた具体的な行動などの「客観的事実」です。「どう思っているか」よりも「何をしてきたか」のほうが重要なのです。一方、内定者フォローで理解しておく必要があるのは、仕事やキャリアに対する内定者の志向や価値観です。つまり、聞き出すべきは「心理的事実」なのです。

人を動かすために必要なのは、明白な事実を突き付けたり、議論に勝ったりすることではありません。それぞれの心にある心理的事実を変化させることです。その変化が、具体的な行動の変化へとつながるからです。つまり、自社への入社を意思決定してもらうには、まずは彼らの心にある心理的事実を知らなくてはなりません。

しかし、人はそう簡単に自分の心の奥底にある心理的事実を明らかにしません。自分が大事にしている価値観を他人から否定されることを恐れるからです。本心であればあるほど、固く心にしまっています。そのため、フォローではまず、心を開いてもらわなくてはなりません。では、どうすれば心を開いてくれるでしょう。

■「自己開示」すれば、相手も心を開く

一つは、採用担当者自身が候補者に対して「自己開示」することです。自分が心を閉ざしているのに、相手にだけ本心を開示してもらうのは無理な要求です。まずは自分の心にある価値観、その価値観が形成されたきっかけや出来事、その価値観につながる現在の行動などを伝えることで、相手に「この人なら話してもいいかも」と思ってもらうのです。

深い話を聞きたければ、同じくらい深い話を自分がしなくてはなりません。若手時代のコンプレックスや失敗談などを自ら語れば、より深い話を聞ける素地ができるかもしれません。その際、できれば、候補者に共感してもらいやすいように、自分と候補者の共通点を意識するといいでしょう。人は、自分と共通点のある人に好感を持つものです。

「10歳以上も年が離れている相手に何を話せばいいんだ」「これから部下になる相手にそんなに手の内を晒せない」と思う人も多いでしょう。し

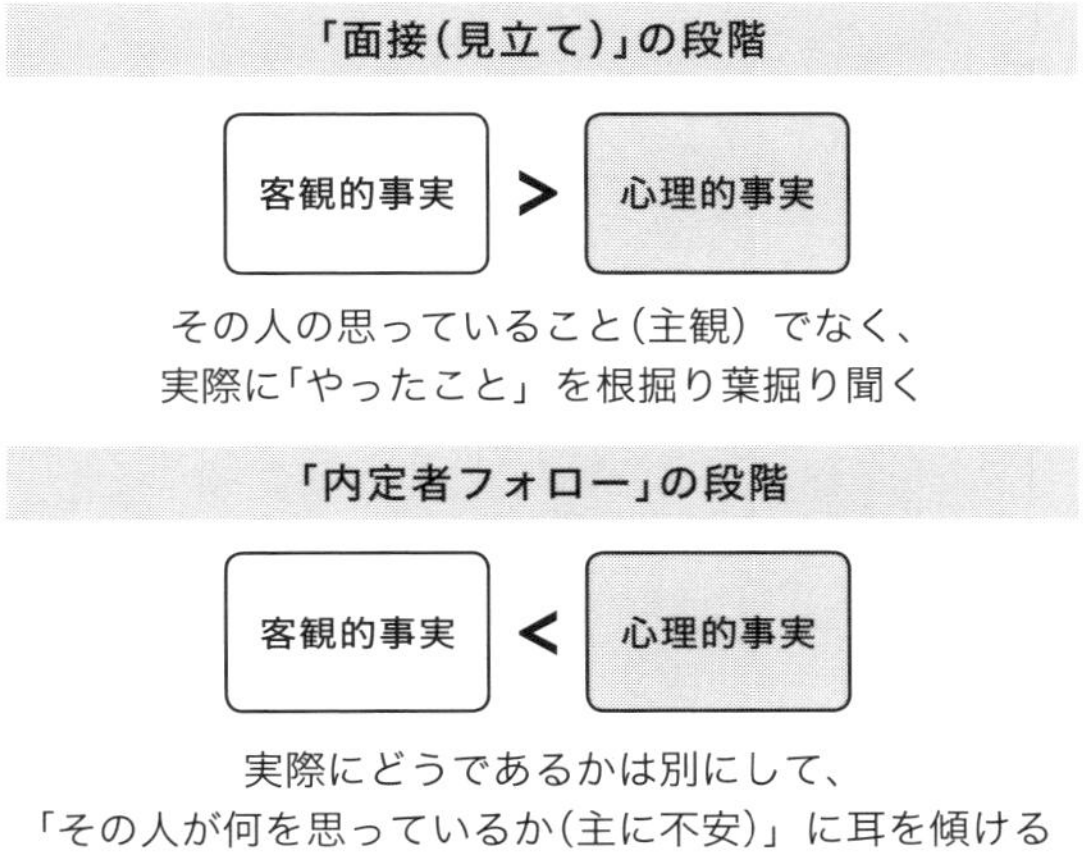

「面接（見立て）」の段階

客観的事実 > 心理的事実

その人の思っていること（主観）でなく、
実際に「やったこと」を根掘り葉掘り聞く

「内定者フォロー」の段階

客観的事実 < 心理的事実

実際にどうであるかは別にして、
「その人が何を思っているか（主に不安）」に耳を傾ける

図9−8｜採用の各段階における「客観的事実」と「心理的事実」

かし別段、内面をすべてさらけ出す必要などありません。自分が若手だった頃のことを思い出し、雑談がてら共感してもらえそうな話をすればいいのです。相手の立場だったときに抱えていた不安などを、そのときの自分を思い出しながら話すことが自己開示につながります。

自己開示の最大のチャンスは、学生から質問されたときです。経験上、新卒採用の学生からは必ずいくつかの質問を聞かれます。こうした質問には、きちんと答えられるように、あらかじめ用意しておきましょう。たとえば、あなた自身の入社動機です。これは、学生とある程度気楽に話せるようになった段階で必ず聞かれます。

「○○さんは、どうしてこの会社に入ることに決めたのですか？」「何がきっかけでしたか？」「決め手は何でしたか？」など、表現は多少異なるものの、聞いているのはいずれも採用担当者の入社動機です。そしてここが、チャンスなのです。ここで採用担当者がうまく自己開示できれば、相手との距離感はグッと縮まります。

■自己開示には個人的・具体的な文言が必須

私がリクルートの採用担当者だったころ、学生に入社動機を聞かれたときの答えは、おおむね決まっていました。

「リクルートは、就職のときのリクナビとか、結婚のときのゼクシィとか、多くの人の人生の色々な節目で情報を提供することにより、世の中の人が自分らしく生きるお手伝いをしている会社だ。つまりリクルートは世界が多様になるためにサポートする企業だと思って、そこに共感して入社を決めたんだよ」

一見、問題なさそうに見えますが、今の私なら、この答えに落第点を付けます。相手の心には刺さらないからです。今なら、同じ内容を次のように伝えるでしょう。

「小学校5年生の時に父親の仕事の関係で中部地方から関西に引っ越して、方言も文化も全然ちがう環境に放り込まれたことがあったんだ。そのときは、郷に入れば郷に従えで、それまでの自分の言葉使いから考えや趣向を封じ込めて、転校先に合わせた。例えばそれまでドラゴンズが好きだったのに、テレビで阪神の試合を観たりとかね。でも、やっぱり窮屈で、もっと色々な考えが普通に受け入れられる世の中の方が生き易いと、子どもながらに感じた。当時はまだ『多様性』なんて言葉は知らなかったけれど、世の中は多様であるべきだ、色々な立場の人がそのままで生きていい世の中になってほしい、と思ったんだよ」

「リクルートは……（以下、同様）」

いかがでしょう。個人的・具体的な文言を織り込んだことで、綺麗事だけの入社動機よりも相手に実感を持って聞いてもらえるのではないでしょうか。このように自己開示では、相手に実感を持って聞いてもらい、共感してもらうことが何よりも重要なのです。

聞いた相手が「そんな経験があれば、御社に入りたいと思うのもよくわかります」「似たような経験があって、そのときに同じことを考えていたのを思い出しました」と思ってもらえれば最高です。逆にそういった実感や共感を呼び起こせなければ、自己開示に成功したとは言えません。

自己開示のベースは自分の生育史です。自分が生まれ育ってきた環境やそこでの経験、出会った人々といった、自らの歴史を語ることなしに、人間同士の腹を割った話し合いなど不可能です。「自分は、このような環境で生まれ育ち、経験をしてきたから、このような考え方や価値観を持つようになり、この会社のこの部分に魅力を感じて入社した」と説明してはじめて、学生は採用担当者に共感します。そして、その延長線上で会社や組織に対する愛着が生まれるのです。採用活動におけるコミュニケーションは、信頼関係を構築できてからが本当のスタートです。自己開示の機会を事業説明などで流すことなく、学生との関係構築につなげてください。

■相手の身になり、フラットに相談に乗る

相手に心を開いてもらう上でもう一つ大切なのは、「損得勘定なしに、フラットに相談に乗る」ことです。人は、何か意図があると感じると、身構えて、批判的に話を聞きがちです。自分を口説こうとしていると感じれば、警戒します。どんなに良いことを言われても、大げさに言っていたり、

話を作っていたりすると思われてしまうのです。

心理学の分野では一般に、相手に対する関心が薄い方がより強い交渉力を持つと言われています。この「興味加減の法則」と呼ばれる心理バイアスは、「内定を出した瞬間にそれまで選考する立場の会社側が急に応募者から選考される弱い立場になる」というよくある現象を生み出します。いわゆる「追えば逃げる、引けば来る」わけです。そのため、内定は慎重に出すことをお勧めします。優秀な相手でも、安易に内定を出しては、相手から軽く見られて、かえって入社の意志を損なうからです。

またどんなに素晴らしい候補者も強引に口説き落とすのは、多くの場合、逆効果です。あくまでも、候補者のことを第一に、自社と他社のどちらがいいかを共に考える、フラットな雰囲気でのフォローが重要です。逆に言えば、フラットに本音の相談ができるまでの人間関係を構築するのです。

現在、一部の採用市場では、御社が第一志望と嘘をつく候補者と良いことばかりをPRする企業との「不信感のスパイラル」と揶揄されるほど、企業と候補者とが疑心暗鬼になる状況が生じています。こうした状況において腹を割ってコミュニケーションするには、企業側が誠意を持って歩み寄り、候補者に心を開いてもらわなくてはなりません。こうした努力によって、初めて率直な真実の会話が可能になるのです。

組織型	所属する組織自体の社会的地位や知名度、組織内での自分の地位、組織自体の成長などからやる気をもらうタイプ
仕事型	会社で日々行う仕事自体の面白さ、自分がその仕事で能力を発揮できることによって、やる気が左右されるタイプ
職場型	職場の雰囲気や仲間との相性などに、最もやる気が左右されるタイプ
生活型	「その会社に入って仕事することで、自分の生活がどのように良くなるか」が、やる気を左右するタイプ

図9−9｜「やる気の源泉」による4分類

9・5　タイプに応じてアプローチを変える

■心理的事実①：やる気の源泉

「心理的事実」を聞き出す上では、「やる気の源泉」「キャリア志向」「自社に対するフックとネック」「強く影響を受けている人」の4つが特に重要になります。この4つによって人はいくつかのタイプに分類でき、タイプに応じて内定者フォローのアプローチが変わってくるからです。

仕事は厳しいものです。どんなに楽しい仕事でも、目標を達成するまでの道のりにはいくつもの障壁があり、ときに人はくじけます。心理的事実の理解では、そんな日々の仕事において候補者のやる気の源泉（モチベーション・リソース）となるものが何かを押さえなくてはなりません。自社がどのような形でそのモチベーション・リソースを提供できるかについて伝えるためです。

やる気の源泉による人の分類にはいくつか種類がありますが、よく使われるのは「組織型」「仕事型」「職場型」「生活型」の4分類です（図9−9）。

組織型の人に対しては、自社の社会的認知を示すパブリシティ（新聞や雑誌、ＷＥＢの記事や書籍など）や何らかの表彰（「働きがいのある会社ランキング」など）を示したり、社内が実力主義で若くして出世できるというような事実を示したりすることで、関心を持ってもらいます。仕事型の人には、仕事で実際に使われている企画書を見せたり、インターンシップなどで仕事を疑似体験させたりすることで入社の意欲を上げます。職場型は、相性の良さそうな社員に多く会わせるのが最も効果的です。会社の行事・イベントや飲み会に呼んでもいいでしょう。そして生活型の人には、報酬水準のレベルやワークライフバランス（余暇の多さや福利厚生）などの面でＰＲできる点を伝えてフォローします。

■心理的事実②：キャリア志向

キャリア志向とは、社会人としての人生で何を大事にするかの志向性です。①のやる気の源泉が短期的なエネルギー源なら、キャリア志向は長期的なエネルギー源と言えるでしょう。日々考えていなくても、ふとした節目で振り返ったとき、「自分のキャリアはこれでいい」と心の底から言えるかで、人は仕事を続けるかを決めます。逆に言えば、キャリア志向と会社がフィットしなければ、退職や転職につながるのです。

キャリア志向による人の分類にはいくつか種類がありますが、ここでは、シャインというアメリカの組織心理学者が提唱した「キャリアアンカー（キャリアで大事にする不動の価値観や考え方）」という分類を引用しましょう。

「やる気の源泉」と同様に、候補者のキャリアアンカーが図９－10のどれに当てはまるかを見極

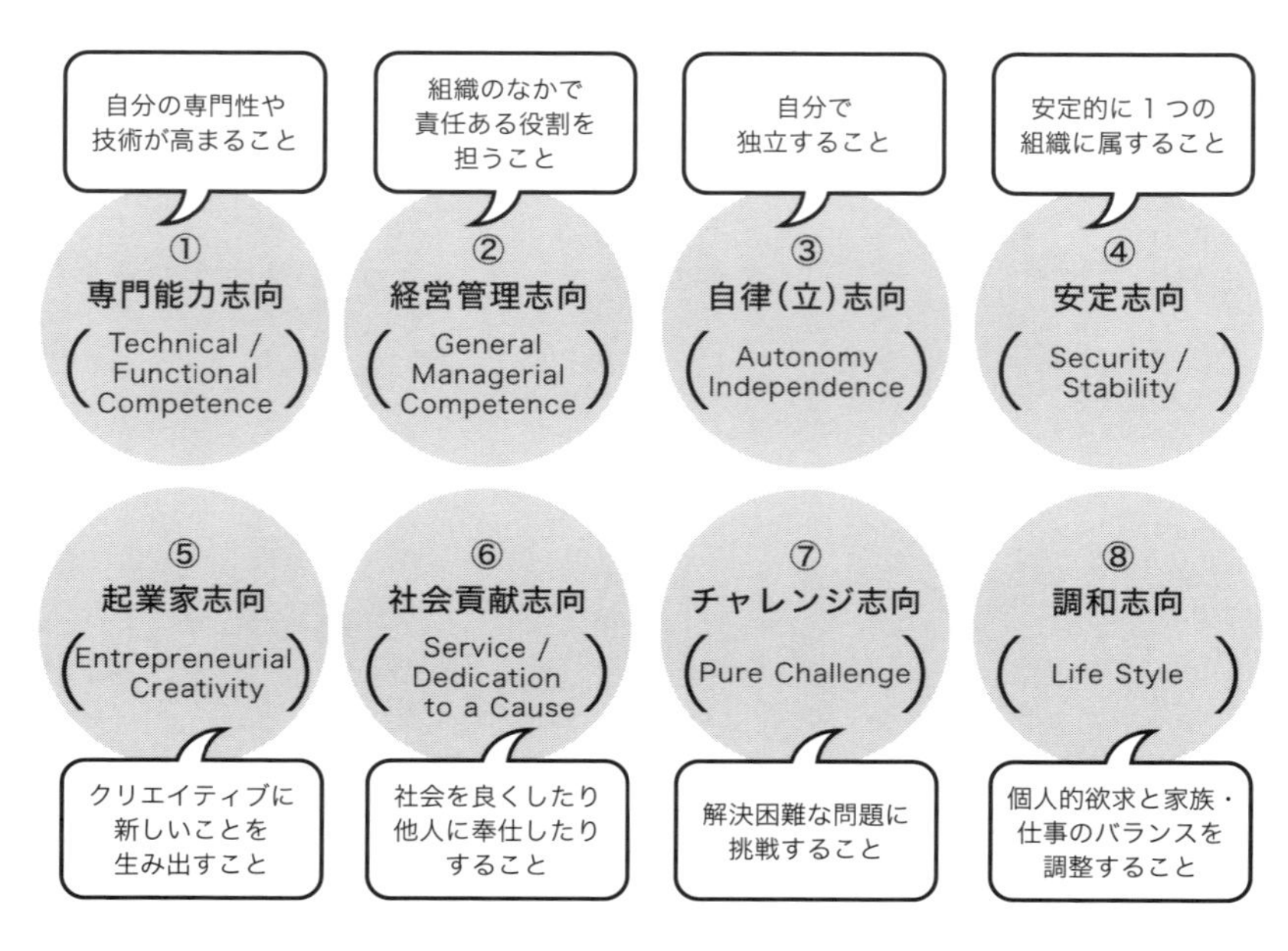

図9−10｜シャインによるキャリアアンカーの8つの分類

めて、「キャリア志向にフィットするキャリアを自社で歩めるか」「どのような方法で体現している人がいるか」などを伝えてフォローします。

■心理的事実③：フックとネック

自社に対する「フック」とは「候補者が自社を選ぶ理由＝自社がその人を引っ掛ける要素」、「ネック」とは「候補者が自社を辞退する理由＝自社がその人を遠ざけている要素」です。いずれも私の作った造語ですが、内定を受諾する直前に確認しておくことが極めて重要になります。内定を受けてもらうには、この2つを十分聞き取り、もつれている部分があればきちんとほどいておきましょう。

フックの確認は、「候補者がフック

を誤解していないか」を調べるためです。自社が本当は持っていないものに魅力を感じて入社を決意したのであれば、事実がわかれば、早晩辞退するでしょう。しかし事前に誤解していることがわかれば、誤解を解いた上で、違うフックで再度入社を決意してもらえるかもしれません。

また、フックを確認することは、候補者から「言質」を取ることにつながります。本人が自分の言葉で述べた「入社理由」は極めて重要です。人は、自分が言ったことはきちんと守ろうとするからです。「他人ではなく自分で決めた」という思いは、決意自体を大事にする意識を生みます。この思いは、入社後の彼／彼女が仕事で壁にぶち当たったときなどに、強い支えとなるのです。

一方で、自社のネックも確認し、解消しなくてはなりません。その際には、そのネックが単なる誤解や思い込みでも、即座に頭から否定しないでください。「火のないところに煙は立たない」のことわざ通り、自社に何らか誤解させる理由があるからです。まずは相手の疑念点を明確化した上で、具体的な事実に基づいて一つひとつ丁寧に疑念を晴らすのです。

ネックが誤解ではなく事実のこともあるでしょう。そういうときには当然ながら嘘をついてはいけません。ただ、同時にそのネックを解消する動きが将来あり得ることを、「目標」や「夢」として語りましょう。「残業の多い」というネックに対しては、「確かに現状では平均○○時間の残業がある。でもそれは会社も認識していて、制度改革する予定だ」「同業他社よりも給料が少ない」というネックに対しては、「確かにそうかもしれないが、我が社にはそれを補う○○がある」と、事実は事実として肯定し、その上で改善策や代替策を語るのです。

そもそも採用とは、互いの未来を見つめ合い、フィット感を確かめ合う作業です。現時点でダメなところがあっても、互いの可能性を信じるのが採用です。会社の将来にコミットしていれば、「そのネックは自分も会社も認識していて、決して是としているわけではない。だから、一緒に変えないか」と言えるはずです。

なお、採用担当がかなり意識して話しやすい雰囲気を作らないと、ネガティブなネックは引き出せません。「フラットに相談」できる関係を築いた上で、何かの折に聞き出しましょう。

■心理的事実④：強い影響を与える人

内定者にとって会社の選択は、多くの場合、本人だけの問題ではありません。その人を取り巻く人々も大きな関心を持っています。そのため入社決定にあたっては、家族、恩師、友人、恋人など、彼らに強い影響を与える人にも相談するでしょう。つまり、内定者を取り巻く人の志向が、入社の意思決定に大きな影響を与えるのです。

「誰が強い影響を与えるか」「それはどのような人か」をあらかじめ把握しておくことは、採用担当者にとって極めて重要です。難しく考える必要はありません。率直に「入社について、誰に相談しているか」を聞けばいいのです。その上で、「その人はどのようなアドバイスをしているか」「自社や他社について何と言っているか」を聞き出して、「強い影響を与える人物」の志向を把握しておきましょう。

例えば、本人は「仕事型」で、強い影響を与える人が「組織型」なら、自社が掲載されたパブリシティのクリッピングや書籍などの資料を渡します。本人の入社意思を間接的に後押ししてくれるかもしれません。このように、候補者だけではなく周囲の志向も把握し、間接的にフォローすることが、内定受諾率の向上につながるのです。

信頼関係を構築した上で、フラットな立場からタイプごとに合った情報を提供できれば、候補者の入社意志は自然と高まるでしょう。

9・6 候補者に入社を決断させる

■「意思決定スタイル」ごとにアプローチを変える

人の「意思決定スタイル」は一般に、「何かを決める際に、多くの情報を集めるか、少しでいいか」と「スパッと決断するか、いくつかの選択肢を並べて長考するか」という2軸によって、「論理型」「統合型」「決断型」「柔軟型」の4つに分類できます。前者の軸は与えるべき情報量の判断につながり、後者の軸は内定受諾を迫るタイミングにつながります。採用担当者は、候補者の意思決定スタイルごとに、入社を意思決定させるアプローチを変えなくてはなりません。

図9－11左上の論理型は、「多くの情報を得た上で理論的に分析してきっちりと1つの答えを出す」タイプです。こうした人は筋の通っていないことや矛盾を嫌います。コンサルタントや事業参謀に多いタイプです。このタイプに対しては、見せたい情報をあらかじめ考え抜き、相手にとって矛盾のないストーリーを作れるように準備してから入社の決断を迫る必要があります。

基礎研究の学者などに多い右上の統合型は、情報を集めて、様々な可能性を吟味するので、なか

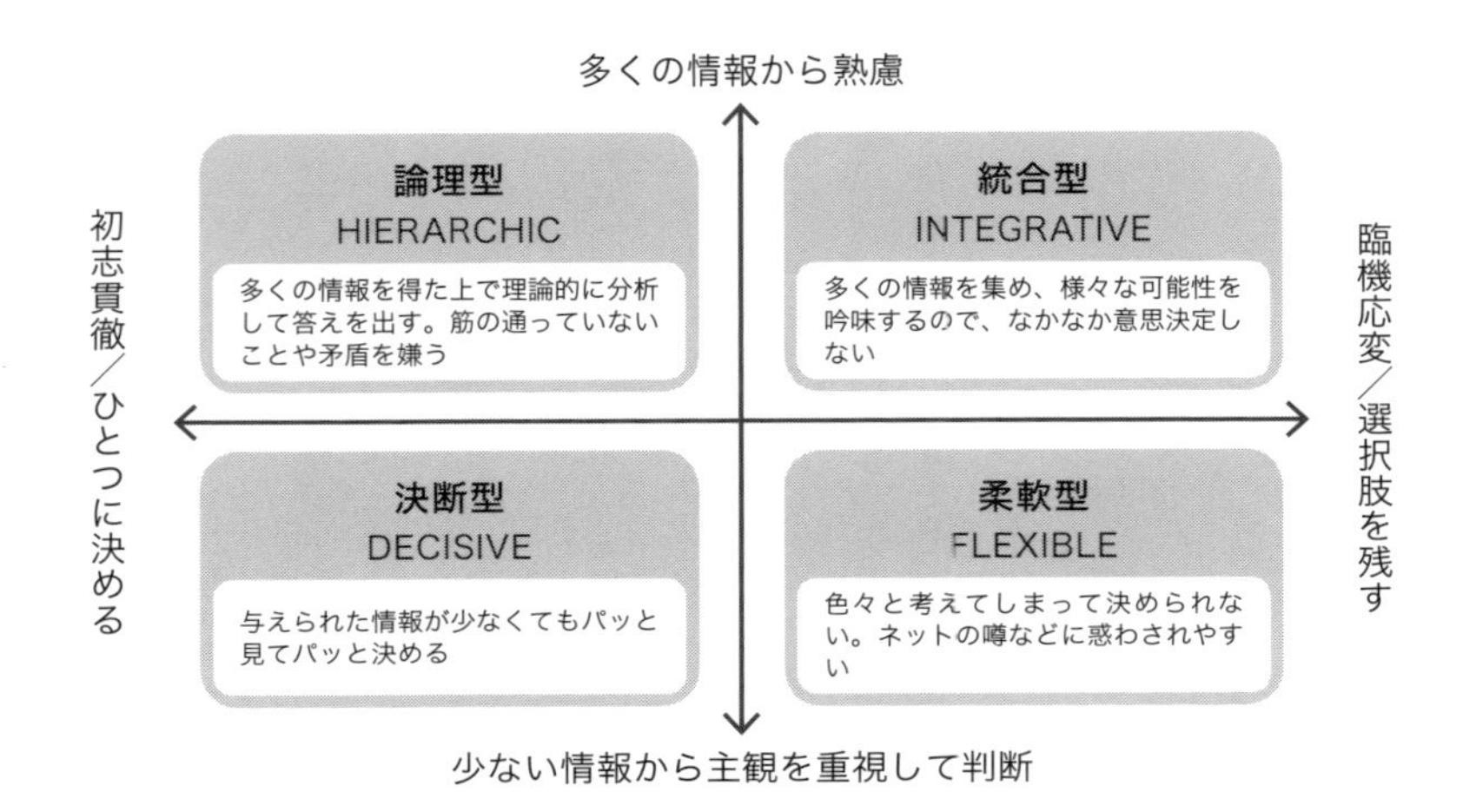

図9−11｜意思決定スタイルの違い

なか意思決定を下しません。学問の世界では、ある意味、そうしたアプローチが求められるためです。このタイプに対しては、とにかく「待つこと」が求められます。放置することはなく、継続的につながりを持って、様子を見ながら自社の情報を伝えつつ、相手の決断を待つのです。

左下の決断型は、比較的対応が簡単です。与えられた情報が少なくても「パッと見てパッと決める」タイプなので、自社に興味を持ってくれたら、あとは押しの一手。妙な駆け引きなどせず、「もういいから、うちに決めてよ」「君と一緒に仕事がしたいんだよ」と伝えるだけで、タイミングさえ逃さなければ、快く入社を決めてくれるでしょう。

クリエイティブ系などに多い右下の「柔軟型」は、「妄想型」とも呼ばれ、口説き落とすのがややややっかいです。「柔軟」と言えば

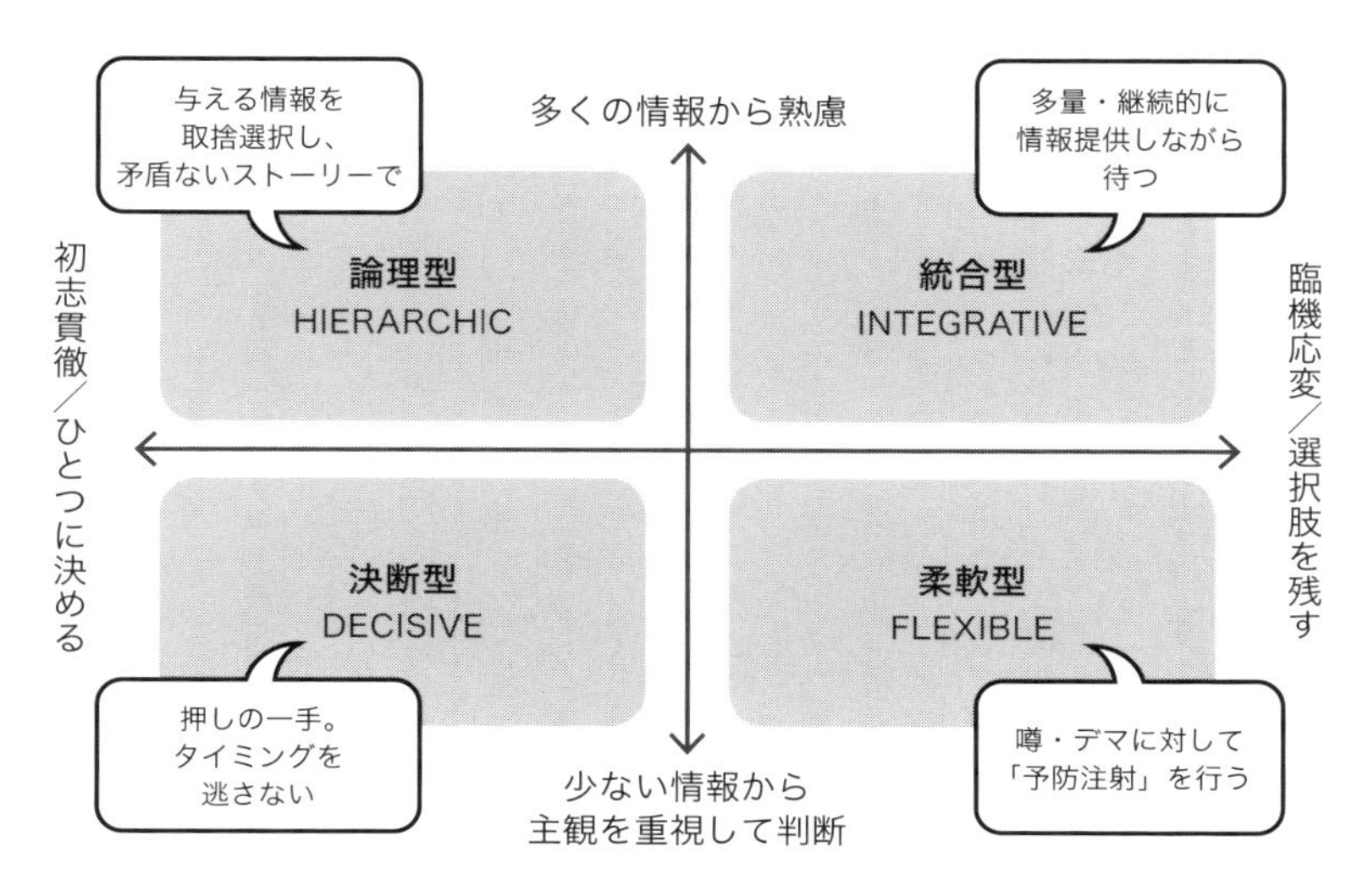

図9−12｜それぞれの意思決定スタイルに対する対処方法

聞こえはいいですが、少ししか情報を集めないのに、色々と考えて決めません。またネットの噂などに惑わされやすく、意味のない疑心暗鬼に陥ることもしばしばです。このタイプには、先回りして悪い情報も伝えるのがコツです。「うちのことを悪く言う人もいるけれど、実際は違うよ、本当はこうだからね」と、疑心暗鬼の芽を潰しておきましょう。

実際のところ、すべての人間をたった4つのタイプに分類するのは無理です。個々の人は、境界線上にいたり、別のタイプの特徴を併せ持っていたりします。ただし、少なくとも、「個々人の意思決定スタイルは異なる」「スタイルに応じてアプローチを変える必要がある」ことを意識しておくのは極めて有用です。熟慮する「統合型」の人は、「押せ押せ」で迫れば、「自分を騙そうとしているのではないか」と考え、即決即断の「決断型」の人は、

「ゆっくり考えて決めてください」と悠長な態度を取れば、「自分は必要とされていない」と感じます。意思決定スタイルに合わないアプローチで決断を迫れば、逆効果にもなりかねないのです。

9・7 どのように採用競合と対峙するか

■基本的な対策は「対決回避」と「真っ向対決」の2つ

採用に悩む中小企業やベンチャー企業にとって、「競合とどのように対峙するか」は大問題です。大手企業でも、自社より採用ブランドの高い大手企業への対策は必須となります。

そもそも新卒採用の一番の特徴は、大手企業が採用選考を「一斉に」始めることです。「倫理憲章」に縛られない外資系企業や中小・ベンチャー企業は五月雨式に採用しているものの、大企業の採用選考の時期、学生はかなり多忙な状態に追い込まれます。

この時期、何十社も同時並行できない学生は、必然的に受ける企業を絞り込みます。同時期に受けるのは多くても10社前後。その10社に選ばれない企業の採用担当者は、何らかの手を打たなくてはなりません。

対策は2つあります。1つは大手企業の採用活動と競合しないように動く「対決回避」、もう1つは大手企業との採用競合に真っ向から勝負する「真っ向対決」です。採用にパワーをかけられるのであれば、両方行っても構いません。

採用にあまりマンパワーをかけられない会社には、対決回避がお勧めです。回避と言って、決して採用のレベルを落とすわけではありません。多くの場合、中途半端に対決するより優秀な人材を採用できます。

しかし、自社にプライドを持つ採用担当者であれば、「大手企業と競合する意中の候補者を自ら口説き落として入社させたい」と考えて、真っ向対決も捨て切れないでしょう。

それぞれ、どのような対策を採るのでしょうか。

■対決回避では、採用選考時期をずらす

対決回避では、基本的に大手と採用選考の時期をずらします。年度によって多少の変化はありますが、大手の採用選考は解禁日から2週間ほどがピークです。この時期に、ほとんどの大企業は初期選考を実施します。逆に言えば、ここに自社の採用選考の時期を合わせると、応募をキャンセルする人が増え、せっかく用意したマンパワーが無駄になりかねません。

キャンセルするのは、多くの場合、引く手あまたな優秀な候補者です。一方、自社のファンは多くが、ピークの時期でも多少遅い時期でも、採用選考を受けてくれます。そのため、対決回避を選ぶ場合には、採用選考の時期を大手より後ろ倒しにしましょう。極端に遅らせるのが怖ければ、大手と重なる時期が極力短くなるように、期間を長めに取って、無理なく受けられるようにするのです。これは、採用活動におけるマンパワーの有効活用にもつながります。

大手企業の選考に漏れた候補者に優しく手を差し伸べれば、入社を受けてもらえる確率は高まります。大手企業の内定率が平均1％程度であることを考えれば、大企業の夢破れた「ハートブレイ

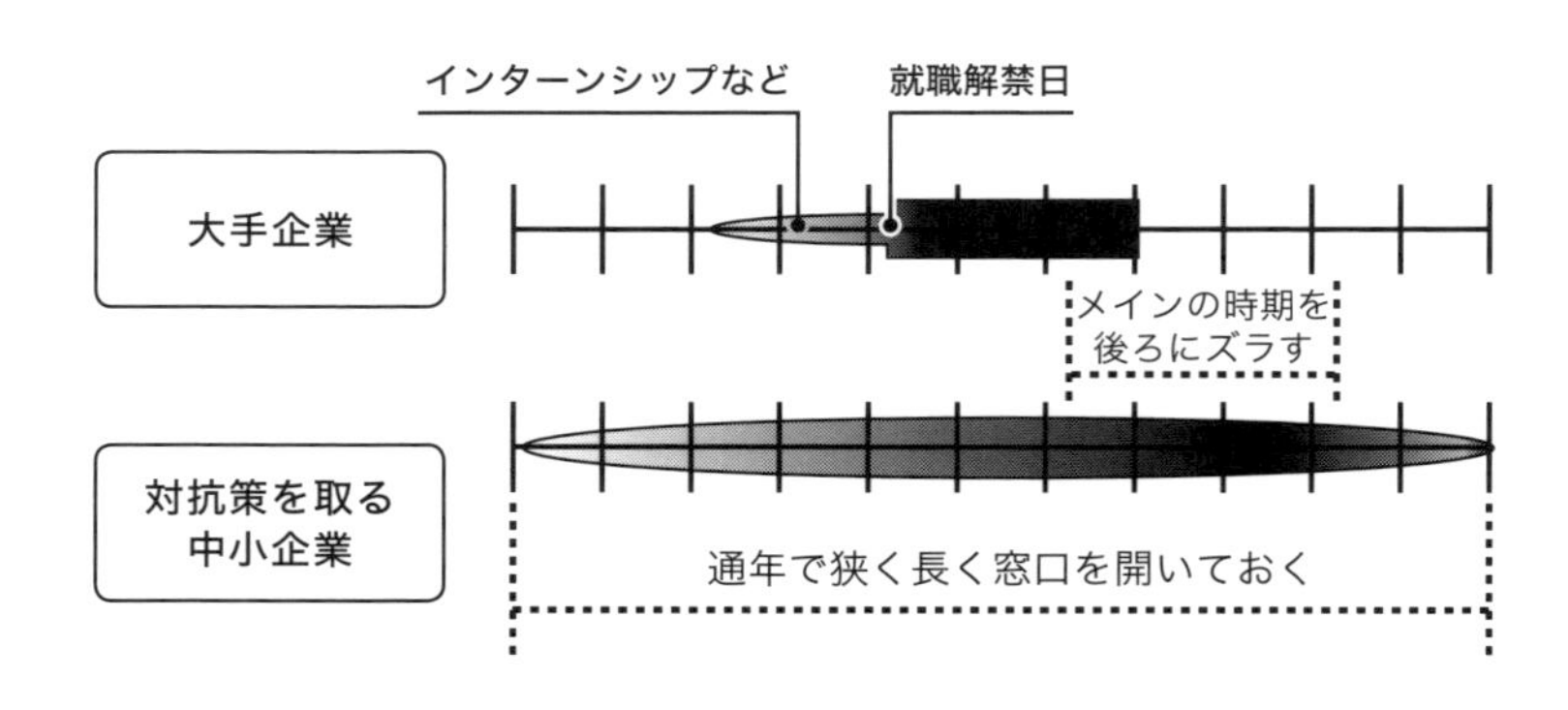

図9−13｜時期をズラすことによる大手との対決回避

ク組」にも十分に優秀な人材が残っています。むしろ、大企業の採用選考の直後が、最も優秀層と接点を持てる時期かもしれません。

時期をずらして「大手落ち」を狙う際に重要なのは、自社が以前に「振られた」候補者にも声をかけることです。一度振られただけで、「死にリスト」に入れてしまう企業が大多数ですが、説明会のキャンセル者や採用選考の途中辞退者にも再度声を掛けるのは極めて有効です。時期や状況が変われば気持ちは変わります。こちらから敬遠する必要はありません。

また声掛けは意外なことに、メールよりも電話が効果的です。候補者も一度「振った」会社が受け入れてくれないと思い込んでいるため、電話による濃いコミュニケーションが効くのです。こちらから電話でコンタクトすると、「一度断ったのに、受けさせてもらえる」と喜ばれることも少なくありません。

かなり覚悟はいるものの、大手と真っ向対決するのも1つの手です。成功すれば最も優秀な層が採れるからです。

■真っ向対決では、スピード感を重視

真っ向対決の秘訣はスピード感です。大企業を上回るスピードで、採用選考を進めて先回りして内定を出すのです。逆に言えば、スピードで負ければ、その時点でアウトです。せっかく大手に内定をもらったのに、まだ結果がわからない小規模な企業の結果を待つ候補などいません。最大限のマンパワーを採用選考に注ぎ込み、一気に選考を進めて、先に学生に「プロポーズ」しましょう。

ただし、大手と採用選考の時期がぶつかれば、通常のやり方ではキャンセルする候補者が増えます。そのため、こちらからのアプローチが必要です。この場合も、アプローチの基本は電話となります。最も大手と競合しそうな優秀層に電話で濃いコミュニケーションを取ることにより、「前倒し」で選考のアポイントを入れるのです。

このようにして優秀な候補者にスピーディーに内定を出したら、次に受験先企業を絞ってもらいましょう。これは、少しでも競合を減らすためです。最終的に志望先の大手から内定が出なければ、自社に入社を決めてくれる候補者が増えます。

採用の熱意を伝え、それに候補者が少しでも安心感を感じれば、受験先企業を絞り込んでくれる可能性もありますが、候補者の立場で合理的に考えれば「少しでも広い選択肢の中から会社を選ぶ」のが筋です。ですから、受験先を絞ってもらうときの口説き文句は一つしかありません。「あなたにうちに来てほしい」です。これ以上の口説き文句はありません。あくまで、自社の思いを伝え、

相手に選ばせなければならないのです。

現在の採用は、売り手市場です。優秀な人材を採用するには、「発見する努力」だけでなく「口説く努力」が必要です。もし、口説かなければ、採用できるのは「自社のファン」だけになります。採用効率はその方が高いので、それはそれで問題ないという判断もあるでしょう。しかし、優秀な人材の採用はその後の自社の成長速度を決めます。

採用活動が改善すれば、自社の採用ブランドを超える、いわば「分不相応な採用」が可能となり、人材採用が会社成長のエンジンとなります。ある意味、採用担当者には、採用によって会社の未来を切り開く心構えが必要なのです。

10章 中途人材や外国人を採用する

10・1 新卒採用と中途採用は何が違うのか

■新卒と中途の一番の違いは「エージェント」の存在

終身雇用制が過去のものとなり、非正規雇用の増加や働き方の多様化が進む昨今、雇用は流動化し、転職市場は活性化しています。新卒採用だけで回っていた時代が終わるなか、いかに中途採用で優秀な人材を獲得するかは、今後、企業の生命線になるでしょう。

中途採用と新卒採用の違いはまず、新卒採用が「まだ能力のわからない学生を」「一時期一斉に」「大量に」採用するのに対して、中途採用は「すでに能力がある程度身に付いている実務経験者を」「時期を問わず」「比較的少数」採用することです。つまり中途採用は「年中行事」であり、窓口は狭くともつねに開けておく必要があります。とはいえ、中途採用を実施するのは、中小企業は4月、

大手人材エージェント	中小人材エージェント
●大量採用に向いている ●プールしている人材(母集団)が多い ●扱う案件が多いので、ここの人材を熱心に口説いてくれることは少ない ●ともすれば機械的なマッチングで終わる	●ピンポイントの採用に向いている ●プールしている人材(母集団)が少ない ●相手人材を熱心に口説いてくれる ●自社に適した人材を探してくれる
実はクライアント企業ではなくキャンディデイト（応募人材）のほうを大切にしている点は大手でも中小でも共通	

図10－1｜規模による人材エージェントの違い

大手企業は10月がほとんどです。

中途採用と新卒採用の違いでもう一つ大きいのは、「人材エージェント」の存在です。いまや、中途採用は人材エージェント抜きでは語れません。「人材紹介会社」「人材仲介業者」とも呼ばれる人材エージェントは、大小様々です。大手のエージェントは、「リクナビNEXT」「ビズリーチ」「DODA」といった人材メディアを通じて求職者に登録してもらい、彼らの条件に合致する企業にスカウトメールを送り、マッチングさせます。一方、中小のエージェントは主に、個人的につながりのある優秀な人材を厳選した企業に紹介します。いずれも、採用が決まれば、人材エージェントは成功報酬を受け取ります。

■エージェント・マネジメントの必要性

中途採用の成否は、「いかにエージェントをうまく使いこなすか（エージェント・マネジメント）」によって決まります。

エージェントの特徴は、「成功報酬型（結果が出なければお金のやり取りが発生しない）」であることです。発注側の企業にとってメリットである成果報酬型は、しばしばエージェント側の「何もやらなくても、マイナスはない」という消極的な姿勢につながります。つまり、企業が「いつまでにこういう人材が何人ほしい」とオーダーしても、エージェントが「この案件の優先順位は低い」と判断すれば実際には何もしないわけです。逆に言えば、「エージェントが自社に人材を紹介するように仕向けるか」が重要なのです。

自社の採用に対するエージェント側のモチベーションを上げる手法はいくつかあります。ここでは、「エージェントの意欲向上」「エージェントとの信頼構築」の2つに分けて、次項以降で解説しましょう。

●エージェントのやる気を高める
●報酬をアップする ●エクスクルーシブ（排他的）な、独占契約を結ぶ ●募集規模によってエージェントを使い分ける ●書類選考の合格率を高める
●エージェントとの信頼関係を構築する
●スピードとフィードバックを重視する ●募集を締め切ったらすぐに伝える ●仲介の担当者に直接会う「エージェント・キャラバン」を実施する

図10−2｜エージェントのモチベーションを上げる手法

10・2　エージェントのやる気を高める

■エージェントに対する報酬をアップする

腕のいいエージェントほど、たくさんの案件を抱えています。そんな中で自社の案件に真剣に取り組んでもらうには、発注するだけでは不十分です。以下に、自社の案件に対する意欲を高めるためのコツをいくつか挙げましょう。

誰もが考えつく、最も簡単な対策は、料率（フィー）を上げることです。現在、一般的な人材紹介料の料率は、紹介人材の年収の35％程度です。ただし、人材不足のＩＴエンジニア、採用が難しいエグゼクティブ・クラスなどは40％に設定されるケースもあり、特に調達が難しい人材については１００％に設定しているエージェントさえあります。

この料率をアップすることでエージェントの意欲を高めるのはよく使われる手法です。このアプローチには「実行が簡単」というメリットがある一方、「コストが嵩む」というデメリットがあります。

企業側には、年収2千万の優秀な人材を獲得するため、少なくとも「２０００万円×35％＝７００万円」がかかり、これは決して小さな金額とは言えません。

■エクスクルーシブ（排他的）な契約を結ぶ

中小企業やベンチャー企業が中途採用するとき、多くの場合、採用人数は１人です。そして残念ながら、「1人採用」は紹介会社に嫌われがちです。「ヨーイ、ドン」で人材を探し始めても、1人決まればそこで終わりで、それまでの頑張りが水の泡となるからです。特に、リクルートやパーソルなど、自社より規模の大きなエージェントと競合する場合、中小エージェントは「どうせそっちで決まるだろう」と真剣に探してくれません。

こうした事態を避ける手段に、エクスクルーシブ（排他的）な契約の締結があります。つまり、契約したエージェントにしか紹介を依頼せず、自社での採用活動や契約先以外のエージェントからの紹介をストップさせることで、相手のモチベーションを上げるのです。

エクスクルーシブ契約を結ぶと、多少利率が低くても、自社の紹介による採用発生の可能性が極めて高いため、エージェントも頑張ります。個人的には、こうした手段を採る企業がもっと増えてもいいと思いますが、実情はそうなっていません。多くの企業が、事実上エクスクルーシブでも、それを明言しないのです。これは、非常にもったいないことです。

「同じエージェントだけを使い続けるのは望ましくない」と考えるのであれば、期限を切りましょう。3ヶ月から半年程度の契約期間を設定するのです。1ヶ月程度は「手持ちの人材」の第一弾を紹介するだけでも経ちますし、あまり長いとエージェントがダラけかねません。

■募集規模でエージェントを使い分ける

一般に、中小のエージェントは大手との競合を嫌い、競合する場合、しばしば力を入れません。そのため、中小にもやる気を出してもらうため、募集規模に応じてエージェントを使い分けてもいいでしょう。たとえば、人事が1人、営業が10人必要なとき、人事の採用は人事領域に強い中小のエージェントにエクスクルーシブ契約で依頼し、営業の採用は複数の大手エージェントに依頼するのです。

乱暴な言い方になりますが、「大手エージェントはアポ取りをするだけで、候補者一人ひとりを熱心に口説かない」「大手だからといって人材の質が高いわけではない」ことは認識しておきましょう。大量の「人材データベース＝候補者の登録情報」を検索して、条件が合う人を紹介する大手に対し、規模の小さなエージェントは人と人との絆を大事にして、クライアントの条件により適している人材を探し、しかも懸命に口説いてくれます。

一番良くないのは、「大手の集客力に期待するべきか」「中小の粘り強い頑張りに期待するべきか」をよく考えずに、惰性で両者に案件を投げることです。中途採用を成功させるには、それなりの募集の規模であれば大手を使い（あるいは大手と中小の両方を使い）、少数精鋭型の中途採用を目指すのであれば、熱心で信頼のおける中小に託す、などエージェントを使い分け、彼らのやる気をマネジメントしなくてはならないのです。

■書類選考の合格率を上げる

書類選考の合格率を高めて、エージェントが紹介してくれた人材にできるだけ多く会うのも、実はエージェントの意欲を高める上で有効です。圧倒的な売り手市場の昨今、人材紹介エージェントは「採用側の希望に応える」ことよりも「候補者（キャンディデイト）側の希望に応える」ことを格段に重視しています。そのため、門前払いして候補者のプライドを損ねるクライアントへの紹介は敬遠しがちです。エージェントは、企業側に候補者を大切に扱ってほしいのです。

そのため可能な限り、書類で落とすことなく、実際に相手（候補者）に会い、相手を尊重している態度を見せましょう。こうした態度の累積が、エージェントのモチベーションにつながるからです。エージェントは、多くの求職者に接触し、手間ひまをかけて口説いています。やっとその気になった候補者が書類選考で落とされれば、エージェントのやる気を削ぎ、さらには恨みを買います。

いっそのこと「全員に会う」、つまり書類選考をなくしてもいいかもしれません。エージェントの士気は高まり、うまくすれば応募者数は2倍、3倍にもなります。面接した上で落とせば、エージェントにも恨まれません。

確かに面接の回数が増えると手間は増えます。しかし、「エージェントの面目を潰して、エージェント・マネジメントが難しくなる」ことと比べれば、はるかに小さなコストです。時間がなければ、面接を採用代行（RPO）会社に外注してもいいでしょう。有望な人材は最初から自社で面接し、そうでもない人材はアウトソーサーに投げれば、形式上「全員と面接」できます。なお、「全員に会う」場合でも、自社の合格基準を下げる必要はまったくありません。従来通りの基準で選考すればいいのです。

10・3　エージェントと信頼関係を構築する

■フィードバックやスピードを重視する

エージェントにやる気を高めるのがエージェントマネジメントの初期のコツだとすれば、取引を継続するなかで信頼関係を構築するのは中期のコツと言えるでしょう。

エージェントとの信頼関係を構築する上で重要なのは、不合格とした人に「不合格の理由」を明確に伝えることとです。それにより、候補者本人だけでなく、間に入ったエージェントも納得感が得られます。さらには不合格の理由を何度も伝えることで、エージェント側も求める人材像を学習し、徐々にマッチングの精度が上がります。ピンポイントで自社にマッチした人材を見極めて、紹介してくれるようになるのです。その意味でも実は、紹介された人材「全員に会う」ことは、中長期的に採用効率を向上させます。

もう一つ重要なのは、エージェントに接する際のスピード感です。基本的に、紹介を受けてから結論を下すまでの期間は2週間を目処としてください。それ以上の時間をかけると、エージェントは苛立ち、候補者も決断のタイミングを失います。

■募集を締め切ったらすぐに伝える

エージェントが最もやる気をそがれるのは、せっかく人材を探し、紹介したときに、「あ、その案件、先月決まりました」と言われる瞬間です。そんなとき彼らは、「はらわたが煮えくり返る」

思いをしています。エージェントも人間なので、無駄な努力をさせられると、その後の対応がぞんざいになります。

たとえば採用枠が1人で、内定に近い人材が3人見つかったら、企業側は速やかに案件のクローズをエージェントに伝えましょう。小さなことですが、こうした連絡をおろそかにして失敗している企業は少なくありません。しかも、こうした悪評はエージェント間にあっという間に流布します。エージェントも大人なので「御社とはもう付き合いません」とは言いません。「了解しました、頑張ります」と言いながら、実際にはまったく動かなくなるのです。

■エージェント・キャラバンを実施する

「エージェント・キャラバン」とは、自社の求人案件を単にメールで送るだけでなく、自らエージェントの事務所に出向き、担当者に自社の求める人材像と特徴を説明して回る行脚のことです。キャラバン実施にあたっては、可能な限り担当者全員と会いましょう。一人の担当者に説明して、他の担当者にも情報を伝えるように依頼すると、採用の論点がぼやけがちで熱意も伝わりません。

なお、エージェント・キャラバンと「エージェント説明会」とはまったく別物なので、混同しないでください。何十社ものエージェントの担当者を一堂に集めて開く「エージェント説明会」は、実はまったく効果がありません。それどころか、多くの場合、逆効果です。居並ぶ同業他社の顔ぶれを見て、「こんなにたくさんライバルがいるのか」と、エージェントのやる気を削ぐからです。多少手間はかかりますが、自ら出向く方がエージェントとの信頼関係を構築できます。

10・4　ダイレクト・ソーシングを活用する

■エージェント経験者を取り込むのが最も簡単だが……

日本の中途採用は、諸外国と比較して、人材紹介会社からの採用比率が高く、必然的に採用コストも高くなっています。そのため、近年、社内にエージェント機能を持つことによりコストを下げようとする企業が増えています。

社内にエージェント機能を有することで、中途採用のコストを落としつつ、効率化するアプローチは「ダイレクト・ソーシング」と呼ばれます。ダイレクト・ソーシングを実現する最も簡単な方法は、「エージェント経験者」を自社の人事部員として採用することです。つまり、これまで多くの企業に人材を紹介していた人が、そのスキルと経験を使って、自社だけのために「人材紹介」するわけです。

ただし、エージェント経験者と言っても、その能力はピンキリです。そしてキリの経験者を何人採用したところで、あまり意味がありません。ピン、つまりトップクラスの手腕を持ったエージェントを雇えればいいのですが、これまた問題があります。それは、彼らの給与です。トップクラスのエージェントは、得てして高額所得者なのです。たとえば、年収1000万の人を1人紹介すると350万、1ヶ月に3人ずつ紹介すれば、年に1億円以上の成功報酬を得る計算となります。それでも、マイクロソフトやオラクルといった外資系の大手企業などは、破格の報酬でトップクラスのエージェント経験者を自社に取り込んでいます。しかしほとんどの会社にとって、トップクラス

図10−3｜トップクラスのエージェントの収益

のエージェント経験者を自社に取り込むのは現実的でないかもしれません。

■中間的な手法としてRPOを利用

日本企業の多くにとっては、外部から手練れのエージェントを招き入れるのでなく、自社の人事部内でエージェントスキルのある部員を育成する方が現実的でしょう。ただし、自社の採用担当者の多くはPUSH型採用の経験しか持っていません。ダイレクト・ソーシングには、いわゆるPULL型採用や「リファラル・リクルーティング」のスキルが必須となります。しかも、こうしたスキルの獲得には時間がかかります。

そのため、現実的な手法として考えられるのが、「エージェント経験者の採用」と「ダイレクト・ソーシング担当者の育成」の中間である「RPO（採用代行）会社の利用」です。RPO

にスカウティングを委託することで、即席の「ダイレクト・ソーシング」の機能を得るわけです。RPOへの支払いは成功報酬ではなく、イニシャルコストやランニングコストです（成功報酬型のRPOもありますが、非常に稀です）。しかし、私の経験上、ハイリスク・ハイリターンの「成功報酬型」よりもローリスク・ローリターンの「イニシャル／ランニングコスト型」のほうが、長い目で見れば支払いを抑えられます。

うまくいくかわからないのに、イニシャルコストをかけるかは、もちろん会社の判断です。ただし、現状、RPOを使って（ほぼ）自社専属のエージェント機能を担ってもらう方法が、品質とコストを両立させる上ではベストだと考えています。RPOを使いながら、「自社の求める人材像」「その人材を獲得するために必要なスキル」を探りながら、徐々に自社内にそのノウハウやスキルを移転するのです。中途採用は即時性を求められることが多いため、まずはRPOに介在してもらい、1、2年かけて自社内に機能を取り込み、内製化しましょう。

■ダイレクト・ソーシングを支えるスカウト型メディア

上記のようなダイレクト・ソーシングが可能になった背景には、新卒ではオファーボックス、中途ではビズリーチといった「スカウト型メディア」の登場が大きく影響しています。

スカウト型メディア登場以前は、転職希望者のリストは主に人材エージェントのみに公開されていて、一般の事業会社はアクセスできませんでした。しかし、ビズリーチやオファーボックス、リクルートキャリアの「リクナビNEXTプロジェクト」（通称：Nプロ）などは、転職希望者リストを事業会社にもオープンにすることで、事業会社が自ら有望な人材にアプローチできるようにしました。これにより、事業会社はわざわざ外部の人材エージェントに依頼しなくても、転職希望者に直接アプローチできるようになったのです。

これは、事業会社にとって、人材獲得コストの削減につながります。外部の人材エージェントを使えば、年収の35％程度の成功報酬がかかるのに対し、スカウト型メディアを使えば、メディア利用料である年間数十万円程度のコストで中途人材の採用が可能になるからです。

リーマンショック以降、中途人材の採用にスカウト型メディアを利用する事業会社が増えています。最近ではTechStarsやLiBz Careerのように、職業や属性などに特化したメディアも登場しており、こうした変化が中途人材の採用市場を現在大きく変えつつあるのです。

10・5　なぜ、外国人の採用は難しいのか

■外国人採用では、言語という壁にぶつかる

日本企業の海外現地法人の多くでは、日本人が経営者や人事責任者を勤めています。こうした現地法人の運営を、全面的に現地スタッフに任せるため、採用を強化する企業が増えてきました。

私自身、ここ数年、頻繁にタイに渡り、ある日本企業の現地採用を手伝っています。すると、海外法人における採用が難しい理由は、「言語」の問題にあることがわかってきました。

日本企業がタイ人を採用面接する際に使う言語は、「①双方日本語」「②日本語→タイ語に通訳」「③

双方英語」「④双方タイ語」のいずれかです。しかしタイ駐在の日本人の人事担当者によれば、結局、「どのやり方でも面接結果に不安が残る」そうです。会話内容自体はわかるし、コミュニケーションは取れるものの、交わした言葉の持つニュアンスや背景などがわからないためです。「御社にとても入りたい」という言葉が、どうしても入社したいのか、入ってもいいなのか、単なるお愛想なのかがつかめないわけです。相手の人柄も、今一つピンときません。発する言葉だけ聞くと意欲的だが、本当にコミットしてくれるかがわからないのです。

そこで私は、「日本人採用担当者の語学レベルを上げる」のではなく、「日本語ができる現地スタッフに日本式の人事スキルを身に付けさせる」ことを提案しました。つまり、どれだけ頑張っても現地人のようになれない日本人の語学レベルを上げるのではなく、現地スタッフの人事スキルを向上させる方が効率的であると考えたのです。

近い将来、サービス業のスタッフやITエンジニアなど、日本人の採用が難しい職種では、外国人採用は喫緊の課題となるでしょう。そしてこの流れは、少子化が進む今後の日本において、多くの業種・職種に広がっていきます。いつまでも「日本人の若手」にこだわっていても、物理的にいないものはいないからです。

そのとき、企業の競争力を左右するのは、「優秀な外国人をどれだけ採用できるか」です。現状、外国人のレベルではなく、採用側のジャッジスキルのために、外国人採用には〝賭け〟の部分が多く、定着率の低下やローパフォーマー化といった問題が起こっています。しかし、そこで「外国人採用はやはり難しい」と判断すれば、この先の時代は乗り切れないでしょう。そもそも外国人に不人気な日本企業が尻込みしている場合ではありません。「やはり難しい」ではなく「どうすればできるか」を考えるほかないのです。

日本式人事のスキルを身に付けた現地スタッフが現地スタッフを採用するというやり方は、ある意味、今後必須となる外国人採用の1つのアプローチだと考えています。

■人でなく、適性検査を利用するのも一つの手

外国人採用を成功させる有力なアプローチの1つには、適性検査の利用もあります。採用面接は日本人が日本人を判断していても曖昧な部分が残ります。言葉の細かいニュアンスが判断しにくい外国人採用では、なおさらです。であればいっそのこと、曖昧な部分の少ない適性検査を利用するのです。

タイでは、採用選考に「クレペリン検査」(1桁の和算を一定時間で行う、性格・職業適性検査の一種)のほか、「SPI」(英語版)やヒューマンロジック研究所のFFSなどの適性検査が使われています。FFSは、アウトプットが日本語・英語・中国語、インプットがその3つに加えてタイ語とベトナム語に対応しています。また最近では、面接動画の分析ツールの利用も徐々に広がっています。人が人を判断することに限界があるのであれば、機械に人を判断させてもいいのかもしれません。

外国人採用はある意味、「早く始めたもの勝ち」です。外国人に人事スキルを身に付けてもらうのも、適性検査を使った外国人採用を研究するのも、かなりの時間が必要です。ビザの取得方法や各国の労働市場に関する知識などはすぐ身に付いても、外国人の採用スキルはすぐに身に付きませ

ん。きちんとした成果が出るまでには、一定の時間が必要なのです。

人事担当者が外国人採用を調査、研究、実施するタイミングは、「低賃金な外国人を採用する時代」から「外国人の優秀層を獲得する時代」へと移り変わりつつある今です。現場からニーズが上がって来てから始めるのでは遅いのです。

■カバーデザイン　小口翔平＋喜來詩織（tobufune）
■DTP・図版作成　西嶋 正

人事と採用のセオリー

成長企業に共通する組織運営の原理と原則

2018年11月 1日 初版第1刷発行
2023年 5月11日 初版第10刷発行

著　者　曽和 利光
発行人　片柳 秀夫
発行所　ソシム株式会社
https://www.socym.co.jp/
〒101-0064 東京都千代田区神田猿楽町 1-5-15　猿楽町 SS ビル
TEL　03-5217-2400（代表）
FAX　03-5217-2420
印刷・製本 音羽印刷株式会社

定価はカバーに表示してあります。

落丁・乱丁は弊社編集部までお送りください。送料弊社負担にてお取り替えいたします。

ISBN978-4-8026-1171-8

こうした本質的な仕事の具体的なノウハウもできる限り多く盛り込んだつもりです。

人事には兎角、いろいろな人が関心を持っていて、口も挟みやすいため、人事施策の企画、実行には多くの困難が伴います。本質的であっても、その組織にとって新たな施策である場合には、特にその傾向が顕著です。そうしたとき、本書で示した原理と原則が皆様の武器となり、組織の成長に向けて、勇気を持って、自らの信念を貫いていただければと願っています。そして、人事に携わる方々のみならず、経営者や現場リーダーの方々にとっても、本書が少しでもお役に立てば、望外の喜びです。

最後に本書を上梓するにあたり、編集者として手取り足取りご指導いただきました中村理さん、多忙な私のライティングをサポートしてくれたクリエイターの多田高雄さん、付録の用語集などを手分けして執筆してくれた人材研究所の繁國利恵さん、安藤健さん、芳賀巧さん、笹川留美さんに感謝の意を捧げたいと思います。彼らの力なしでは本書が世に出ることはありませんでした。

２０１８年９月
人材研究所　代表取締役社長
曽和利光

あとがき

２０１４年に採用活動解禁日が変更されたことを題材とした『就活「後ろ倒し」の衝撃』（東洋経済新聞社）、近年注目されているリファラル・リクルーティングを詳説した『「ネットワーク採用」とは何か』（労務行政）など、私はこれまでに何冊かの書籍を上梓する幸運に恵まれました。

それはそれで得難い経験でしたが、私の中にはつねに、より普遍的かつ体系的な人事と採用の考え方をまとめたい、という望みがありました。本書『人事と採用のセオリー』では、この願いを、かなり希望に近い形で実現できたと考えています。私自身まだ成長途中であり、力足らずのところもあるとは思いますが、可能な限り、様々な業界や企業の人事担当者や経営者の方にとって有益な内容にできたのではないかと自負しています。

人事という仕事に携わる方は基本的に、心根が優しく、性善説に立って物事を考える方が多いように思います。しかし、人事の現場では時に、心を鬼にして、相手の本質を突き詰め、見極めなければなりません。それが、ある意味、人事という仕事の本質だからです。本書では、

付録1　人事関連の法規・制度・用語

■賃金関連

賃金の範囲
賃金、給料、手当、賞与などの呼び方を問わず、労働の対償として使用者から労働者に支払われるすべてのもの。

賃金支払の5原則
①通貨での支払、②毎月一回以上の支払、③一定の期日に支払、④直接労働者本人への支払、⑤全額支払の5つ。

平均賃金
平均賃金を計算する日の前日から3ヶ月前までの期間に、その労働者に支払われた賃金の総額を、その期間の（休日も含めた）総日数で割った額。使用者が労働者の賃金を算定するにあたって用いられる。

最低賃金
国が使用者にこれ以上支払わなければならないと定めている賃金。時間単位で定められており、地域別最低賃金と特定最低賃金の2種類が存在する。

年俸制
1年単位で賃金の額を決定する制度。ただし、原則に基づき毎月1回以上の賃金の支払が必要となる。

歩合給制
出来高や業績に応じて一定比率で賃金を決定する制度。ただし、完全な歩合給制は認められておらず、労働時間に対しては必ず一定の賃金を支払わなければならない。

割増賃金
（法定）時間外労働、深夜労働、法定休日労働をさせた場合に支払う義務が発生する賃金。労働協約や就業規則で定められた「基礎賃金」をベースに割増した賃金を支払う。

法定割増賃金の引き上げ
時間外労働に対して、使用者は25%以上割増した賃金を支払わなければならない規定。深夜時間帯の時間外労働には「深夜割増賃金率25%+時間外割増賃金率25%=50%」を、1か月に60時間を超える時間外労働には50%以上を、法定休日労働には1カ月60時間の算定対象には含めずに35%以上を、それぞれ割増賃金として支払わなくてはならない。

賞与
定期または臨時に労働者の勤務成績に応じて支給され、その支給額があらかじめ確定していない賃金。支給要件や支給時期、算定方法などは使用者と労働者との間で自由に決めることになる。

非常時払
災害や疫病といった非常時の際に労働者から請求があった場合、その支払日までの労働に対する賃金を支払わなければならない制度。前借り制度ではないため、給与締日前に非常時払いの請求があった場合、前回の締日の翌日から非常時払いの日までの日割り計算で賃金を支払えばよい。

休業手当
使用者側の事情で生じた休業に対して、平均賃金の60%以上の手当を支払わなければならない制度。

減給
人事上の降格や懲戒処分などに対して賃金の引き下げが行われること。懲戒処分の「制裁」による減給については、減給1回の額が平均賃金1日分の半額を超えること、月に1度払う賃金の10%を超えることはできない。

未払賃金
本来、労働の対価として支払わなくてはならないにもかかわらず、所定日に支払われなかった「賃金」。本来支払われるべき日の翌日から遅延している期間の利息に相当する遅延損害金（年利6%）が付く。

■労働時間・休日関連

フレックスタイム制
一定期間（1ヶ月以内）を平均して1週間当たりの労働時間が法定の労働時間を超えない範囲において、その期間の総労働時間を定めた上で、始業・終業時刻を労働者それぞれが自主的に決定できる制度。通常、労使協定を締結の上、就業規則に盛り込むことで制度を導入する。

みなし労働時間制
労働時間の正確な算定が困難な場合、あるいは業務の遂行方法を労働者本人の裁量に委ねる必要がある場合に、あらかじめ設定した「みなし時間」によって労働時間を計算できるようにする制度。

裁量労働制
労働時間と成果・業績が必ず比例しない業種において、労働時間の計算を実労働時間ではなく、あらかじめ労使間で決めた「みなし時間」で行う制度。

年次有給休暇制度
労働者が6ヶ月間継続勤務し、6ヶ月間の全労働日の8割以上を出勤した場合に、10日の有給休暇を与えられる制度。6ヶ月の継続勤務以降は、継続勤務1年ごとに1日ずつ、継続勤務3年6ヶ月以降は2日ずつを増加した日数（最高20日）が与えられる。

育児休業制度
子供を養育する労働者が休業を取得できる制度。正社員の場合には「同一事業主で1年以上働いている」「子供が1歳になっても雇用されることが見込まれる」「1週間に3日以上勤務している」、期間雇用の場合には「子供が1歳になってからさらに1年以上契約期間がある」ことが条件となる。

看護休暇制度
子供を養育する労働者が小学校就学前の子供の病気やけがの看病のために休暇を取得できる制度。年次有給休暇とは別に年間5日まで取得可能。

介護休業制度
要介護状態にある家族を介護するために、労働者が合計93日を上限として休業できる制度。賃金は必ずしも保証されないが、介護休業給付を受け取れる。

休暇・休業
労働する義務がある日に会社がその労働義務を免除する日。労働義務のない日には、休暇を取得できない。

代替休暇の算定方法
1ヵ月60時間を超える時間外労働に対する法定割増賃金率を25%以上から50%以上に引き上げたことに伴って、上乗せ分（25%）の割増賃金の支払いに代えて、有給の休暇を付与する仕組み。同制度を導入するには、代替休暇の時間数の算定方法や休暇取得の単位、休暇取得日の決定方法などについて労使協定を締結する必要がある。

年次有給休暇の時間単位付与
年に5日を上限として、時間単位（※）で年次有給休暇を与える制度。過半数組合あるいは過半数代表者との間で労使協定を締結することにより、導入される。

時間外労働と深夜労働の制限
年少者、妊産婦、育児・介護を行う労働者に対して時間外労働と深夜労働を行ってはならないと決めている制度。

■労働関連

不正就労助長罪
在留資格での許可外の活動や不法入国者、オーバーステイなど、不法就労する外国人労働者および受け入れている事業者に適用される罪。日本では在留資格ごとに従事可

能な仕事が定められているが、資格外活動許可が下りていれば就労可能となる。

高年齢者雇用確保措置
従業員に65歳まで雇用機会を与える制度。公的年金の受給年齢が段階的に65歳まで引き上げられるのに伴って、会社に義務付けられた。

継続雇用制度
高年齢者雇用確保措置の一環として、定年の年齢を変えずに本人の希望があれば雇用を継続する制度。定年後も退職させずに同じ労働条件で雇用継続する「勤務延長制度」と、定年でいったん退職させ、新しい雇用条件で雇い入れる「再雇用制度」がある。

高年齢雇用継続給付制度
再雇用制度などにより定年後に再雇用する際、賃金が低下し、一定の要件に当てはまる60～65歳の労働者に対して毎月給付金を支給する制度。雇用保険の一つであり、給付金には、定年退職後引き続き再雇用される場合に支給される「高年齢基本給付金」と、定年退職後失業給付を一部受給してすぐに再雇用された場合に支給される「高年齢再就職給付金」がある。

在職老齢年金
60歳以上の労働者が厚生年金保険に加入しながら老齢厚生年金を受け取っている場合、毎月の年金額と総報酬月額相当分に応じて、年金額が一部または全額支給停止される制度。

個別労働紛争解決制度
解雇・ハラスメント・長時間労働や賃金の未支払いなど、労務条件や労務環境を巡る、労働者個人と事業主とのトラブルを解決する制度。労働局の総合労働相談コーナーが窓口となり、これらのトラブルを可能な限り簡単・迅速に解決する。

労働審判制度
労働基準監督署や個別労働紛争解決制度で労使トラブルを解決できず、拘束力をもった決定が必要なときに利用される制度。地方裁判所において、原則3回以内の調停で迅速に解決を図る。

労働条件不利益変更
労働条件を労働者にとって不利益に変更することを制限する制度。労働条件を変更するには、「従業員個人や労働組合の合意を得る」もしくは「合理的な理由に基づいて就業規則を改定・変更する」のいずれかが必要とする。

裁判員休暇
裁判員に選ばれた従業員が審理に参加する期間中の休暇。裁判員休暇は会社が独自に決める休暇である特別休暇の中で設定する。公民権の行使を保障することは労働基準法で定められているため、裁判員休暇の申し出があった場合、会社は拒否できない。

服務規律
会社の風紀を保ち、秩序だった組織経営を行うために遵守すべき義務やルール。在職中に会社の業務と競合関係にある業務を行ってはならないという「競業避止」、会社の業務で知りえた情報を第三者に漏らしてはならないという「機密情報の保持」などが該当する。

始期付き・解約権留保付き労働契約
企業側と採用予定者が互いの合意を確認し合った時点から労働契約が成立するまでの間の労働契約。内定出しから入社日までの内定期間中の労働契約がこれに該当する。始期付き・解約権留保付き労働契約は、「採用内定時に知りえない事実」「予測し得ない事実」が起こった場合に限り、（内定）取り消しが認められる。

障害者雇用促進法
一定規模の会社に対して、法定の「障害者雇用率」以上の障害者の雇用義務を求める法律。この法定雇用率を超えて障害者を雇用する会社には障害者雇用調整金が支給され、一方法定雇用率を下回る会社には障害者雇用納付金の納付が求められる。

トライアル雇用奨励金
一定基準を満たすユースエール認定企業が、35歳未満の未経験者を雇い入れ、原則3か月の試用期間を設けるときに一人当たり、3か月、5万円を上限に支給される奨励金。ユースエール認定企業の基準は、若者雇用促進法に基づき、若者の採用・育成に積極的で、若者の雇用状況が優良であると厚生労働大臣から認定された中小企業となる。

三年以内既卒者等採用定着奨励金
既卒者・中退者が応募可能な新卒求人を募集して正社員待遇で雇用した場合、1年定着後、2年定着後、3年定着後ごとに奨励金が支給される制度。

特定求職者雇用開発助成金
高齢者（60歳以上）、障害者、母子家庭の母といった就職困難者を、ハローワークまたは民間の職業紹介事業者などの紹介により継続して雇用したときに助成金が支給される制度。

障害者トライアル雇用奨励金
障害者を雇用保険被保険者資格取得の届け出を行った上で、試行的・段階的に試用期間を設けて雇い入れるときに助成金が支給される制度。

男女雇用機会均等法
雇用の面で、男女が均等な機会や待遇を受けることができることを目的として制定された法律。女性労働者の妊娠・出産後の健康の確保を図るなどの措置も推進する。

女性活躍推進法
働く女性の個性や能力が十分に発揮される環境を整備するために制定された10年間限

定の時限立法。従業員301人以上の会社は現況の把握・改善策などを踏まえて女性が活躍するための「事業主行動計画」を作成し、届けなければならない。

特定個人情報

「マイナンバー=個人番号」をその内容に含む個人情報のこと。マイナンバー法により、個人情報保護法とは別に、個人情報よりも厳しい管理が定められている。

衛生推進者・衛生管理者

労働安全衛生法により定められた、会社は職場の労災予防、または労災が発生した際の原因調査や再発防止といった安全管理体制の整備において設置が求められる担当者。従業員が常時10人以上50人未満の事業所は衛生推進者を、50人以上の場合は衛生管理者と産業医をそれぞれ選任し、労働基準監督署に届け出る必要がある。また50人以上の事業所は、衛生委員会を設置し、毎月1回以上会合を開催し、安全・衛生についての対策を調査・審議しなくてはならない。

育児・介護休業法

労働者が働きながら、育児、介護を行う環境を整えるために制定された法律。2017年1月に大規模な改正を行われ、同年の10月より保育園に入所できないなどの事情がある場合、最長2年まで育児休業を延長できるようになった。またその場合、育児休業給付金の給付期間も2歳までとなる。

36協定

労働者と使用者が互いに合意の上で結ぶ、時間外労働や休日労働に関する労使協定。正式名称は「時間外労働および休日労働に関する協定」だが、労働基準法第36条で規定されているため36協定と呼ばれる。時間外労働や休日労働をさせる場合、あらかじめ36協定を結んで管轄の労働基準監督署に届け出て、1年に1回更新する必要がある。

最低賃金法

労働者の賃金の最低額を保障して、労働者の生活の安定、経済の健全な発展に寄与することを目的とする法律。最低賃金は厚生労働大臣または地方労働基準局長が労働協約あるいは中央ならびに地方最低賃金審議会の調査および審議に基づいて決定される。使用者はその最低賃金額以上を支払う義務を負い、もし違反すれば処罰される。個々の労働者との契約で最低賃金額に達しない賃金を定めても、その部分は無効となる。

労使協定

労働者と使用者が互いに合意の上で結ぶ、労働者の権利に関する協定。労働基準法により、使用者は事業所ごとに労働者の過半数を代表する者と書面による協定を結ぶことが義務付けられている。締結した労使協定を労働基準監督署に届け出ることで、時間外・休日労働などの、労働基準法で禁止される事柄が許容される。ただし、労使協定には、労働協約・就業規則のように労働契約を規律する効力はなく、労使協定を締結してもそれだけでは労働契約上の権利義務は生じない。そのため、労使協定と併せて労働協約・就業規則などでそれぞれの定めが必要となる。

法定労働時間
労働基準法で定められた1日8時間、週40時間という労働時間の上限。会社が法定労働時間の範囲で設定した勤務時間は、「所定労働時間」と呼ばれる。

管理監督者
労働時間、休憩、休日などを自らの裁量で決める管理職。労働基準法において、管理監督者は「経営者側と一体的な立場にある人」と定められており、労働時間、休憩、休日に関する一部の法律は適応されない。ただし、企業内で「管理職」とされていても、総合的に判断した結果、労働基準法上の「管理監督者」に該当しない場合には、労働基準法で定める労働時間等の規制を受け、時間外割増賃金や休日割増賃金の支払が必要となる。

労働基準監督署
労働基準法その他の労働者保護法規に基づいて事業場に対する監督および労災保険の給付等を行う厚生労働省の出先機関。

団体交渉
労働組合が組合員である労働者の代理として使用者と労働条件などについて交渉をすること。労働組合からの団体交渉申し入れに対して、会社が正当な理由なく拒否することは不当労働行為にあたる。また企業内に労働組合がなくても労働者は単独で社外の合同労働組合に加入することができる。

労働契約（雇用契約）
労働者が使用者に対し、一定の対価を得て労務の提供を約する契約。労働契約では、使用者の権利として「①指揮命令権」と「②業務命令権」を、使用者の義務として「①賃金支払い義務」と「②安全配慮義務」を定めている。また労働者の権利としては「①賃金請求権」を、義務としては「①誠実労働義務・職務専念義務」「②秘密保持義務」「③自己保健義務」を定めている。

業務委託契約
会社の業務を外部の個人事業主や外注業者に委託する際に結ぶ契約。業務委託先の事業者は会社の従業員ではないため、「労働者」ではなく、労働基準法、労働契約法などが適応されない。

労働者派遣契約
自社の職場に派遣社員を受け入れている会社が、派遣労働について派遣会社と結ぶ契約。業務委託契約では、指揮命令に制約があるのに対し、派遣労働は現場で細かく指示できる。なお、業務委託（請負）契約を結びながら、受け入れ会社が請負元から来た労働者を指揮管理するなど、実態は派遣労働にあたる労働形態は偽装請負と呼ばれ、労働契約申込みみなし制度に基づいてその労働者を直接雇用したものとみなされる。

紹介予定派遣
最長6か月間の派遣契約終了後、派遣社員と派遣先が合意すれば正社員や契約社員として直接労働契約を結ぶ形態の派遣。社員紹介を想定して派遣労働を行う紹介予定派遣では、派遣対象業務や派遣期間が決められており、医師・看護師などでは認められている。

■過重労働・保険制度関連

過労死ライン
過重労働が原因と考えられる脳・心臓疾患が労災として認定される時間外労働の基準。具体的には「発症前1か月に約100時間又は発症前2 ～ 6か月間にわたり1か月あたり約80時間を超える時間外労働時間」が過労死ラインとされる。

ストレスチェック制度
簡易な質問票に記入することで自身のストレス状態を調べる検査を実施する制度。従業員50人以上の事業所では、常時使用する労働者について、最低1年1回のストレスチェックを行うことが義務付けられている。

従業員支援プログラム（EAP, Employee Assistance Program）
契約企業の社員に対するメンタルヘルス支援、休職者の職場復帰支援などを行うシステム。

過労死等防止対策推進法
2014年に施行された、過労死などを防止する対策の推進や「過労死等防止対策推進協議会」の設置などを定める法律。「過労死等」とは、業務における過重な負荷による脳血管疾患や心臓疾患を原因とする死亡、業務における強い心理的負荷による精神障害を原因とする自殺による死亡、これらの脳血管疾患もしくは心臓疾患もしくは精神障害と定義されている。

定期健康診断
労働安全衛生法により使用者に義務化され、実施される、年に1回（深夜業など特定の業務は半年に1回）の健康診断。定期健康診断を受けさせる対象は、「正社員」または「1年以上雇用されている、または雇用が予定されており、1週間の所定労働時間が正社員の4分の3以上あるもの」など、常時使用する労働者。

■採用・就業関連

労働条件の明示
労働基準法第15条で定められている、「労働契約の締結に際し、使用者が労働者に対して賃金、労働時間その他の労働条件を明示する義務」のこと。明示内容には「絶対的明示事項」と「相対的明示事項」があり、絶対的明示事項については昇給に関する事項を除き、書面で明示することが義務付けられている。

採用の自由
使用者に認められている採用に関する自由。労働契約の締結は当事者の意思に委ねられているため、何人採用するか、どのような採用方法を選択するか、などは原則として使用者の自由とされる。ただし、使用者には公正を期して採用することが義務付けられる。

労働条件の決定
立場が弱い労働者が「対等の立場」を確保するために、労働組合法第1条により保証されている労働基本権。労働基準法第2条1項の「労働条件は労働者と使用者が対等の立場で決定すべきもの」により、定められている。

均等待遇・男女同一賃金の原則
国籍、信条、社会的身分を理由とする賃金、労働時間など、一切の労働条件に関する差別的待遇の禁止。「女性であること」を理由とした、男性との賃金の差別的取り扱いも禁止されており、この場合の賃金には、額のみならず賃金体系、賃金形態も含まれる。

事実と違う場合の即時解除権
明示された労働条件が事実と相違している場合に、採用された者が即時に契約を解除できる権利。また、就業のために住居を変更した労働者が即時解除権を行使して、その解約の日から14日以内に帰郷し、その要した旅費を請求したときには、使用者はこれを負担しなければならない。

労働契約
労働者が一定の労働条件のもとで使用者の指揮命令を受けて働くことを約束し、使用者はその対価として一定の賃金を支払うことを約束する契約。長期契約することでときに労働者を拘束する弊害が生じるため、契約にあたっては「期間の定めのないもの」（正社員など）や、「一定の期間を定めるもの」（工事などの有期事業）のほかは、3年を超える期間の契約をしてはならない。

一定期間を定める契約（労働契約締結）
労働契約は原則として3年を超えてはならないと定められているが、次のいずれかに該当する場合は5年を上限に締結できること。(1）専門的な知識、技術または経験であって高度なものとして厚生労働大臣が定める基準に該当する専門知識などを有する労働者であって、当該高度の専門的知識などを必要とする業務に就く者を雇い入れる場合、(2）満60歳以上の労働者を雇い入れる場合。

期間を定めない契約（労働契約締結）
期間に関する制限がない労働契約のこと。正社員など、期間を定めない契約はいつでも労働契約を解約する自由が保障されている。

金品の返還（労働契約締結）
労働者が死亡または退職した場合には、使用者は権利者の請求があった日から7日以内に賃金を支払わなければならない。また、積立金、保証金、貯蓄金などの名称を問わず、

労働者の権利に属する金品も返還する義務を負う。賃金や金品において、所有権をめぐって争いがある場合には、異議のない部分について、その期間中に支払い、または返還しなければならないとしている。

賠償予定の禁止（労働契約締結）
労働契約の不履行について、違約金を定め、損害賠償額を予定することは、労働者を身分的に拘束する恐れがあるため禁止されていること。労働契約締結時にあらかじめ金額を決めておくことが禁止されているが、現実に労働者の責任により発生した損害について賠償を請求することまでを禁じたものではない。

前借金相殺の禁止（労働契約締結）
労働を条件に、使用者から借り入れ、未来の賃金で弁済することを労働契約の締結時に約束することの禁止。たとえ労働者との合意があったとしても相殺できないが、総合的に判断して、労働が条件となっていないことが極めて明白な場合には、相殺できる。

強制貯金の禁止と委託管理（労働契約締結）
労働者の足留め策となり、また経営危機の際に払い戻しに困難をきたす場合があるために、強制的な社内貯蓄制度を禁止すること。また、労働者の委託を受けて管理する場合、労使協定の締結・届出が必要となり、預金者の範囲、預金額の限度、利率及び利子の計算方法、受け入れおよび払い戻しの手続き、保全の方法を定めなければならない。その場合、貯蓄金管理規程を定め、その周知のため、事業所に管理規程を備えるなどの措置を取らなければならず、労働者が返還を請求したときには、遅滞なく返還しなければならない。

採用
労働契約を結び労働者を雇い入れること。

内定
「入社日から労働の権利と義務が生じる」という労使間で取り交わされる採用日前の合意。合意がなされた時点から採用日までは内定期間となる。内定を通知した時点で、企業と労働者の間には労働契約が成立したことになり、この内定を労働者が受諾した時点で労働者は通知を行った企業の社員となったことになる。

内定取り消し
判例で解約権が留保されていることに基づいて、採用内定を取り消すこと。ただし、内定取り消しが認められる事由が必要となる。

内定取り消しが認められる事由
(1) 予定されていた時期に卒業できなかった場合、(2) 健康状態の悪化や長期療養により勤務できないことが明らかな場合、(3) 雇い入れに差し支える犯罪行為があった場合の3つ。

内定辞退
内定を受けた求職者が、内定受諾後にそれを「取り消す」こと。内定を受けた労働者が内定を受諾した時点で、労働者はその企業の社員になっているので、内定期間中の労働者が入社を辞退することは、労働契約の解消、つまり「退職」と同義になる。そのため、労働者の退職を企業が拒めないのと同様に、労働者の内定受諾後の辞退を企業が拒むことはできない。

内定承諾書の効力
内定を受諾した労働者に入社承諾書に署名・捺印をさせるという企業もあるが、内定受諾後の辞退は退職と同義に扱われるため、そもそも入社承諾書は効力が存在しない。

内定取り消しの際の経営者の留意点
採用内定によって労働契約が成立することから、会社側の都合で取り消すには、労働関係の解消つまり解雇しなくてはならない。例えば、経営状態の悪化により一般従業員を整理解雇しなければならず、会社側が整理解雇を避けるために十分努力した場合、留保された解約権の行使により内定取り消しが可能となる。

試用期間
使用者の従業員としての適性判断のための見習期間。試用期間には、「解除を留保した労働契約」が成立する。

試用期間中の労働条件
試用期間であっても労働契約が締結されている状態であるため、一部の短時間労働者を除き、使用者側は、各種社会保険（雇用、健康、労災、厚生年金）に加入させる義務がある。

試用期間中の解雇
試用期間中の解雇については、(1) 試用期間を設定した趣旨に照らして相当である場合のみに許され、試用期間中であるからといって、自由に解雇できない、(2) 採用後14日を経過している場合は法律で定められた解雇予告などの手続きが必要である、(3) 契約の重要な要素の変更である試用期間の延長は、原則として労働者の同意なしに一方的に行うことは許されない、という3つの原則が適用される。

試用期間中の退職
試用期間中に労働者から退職を申し出ること。労働基準法では、退職予定日の2週間前に退職を申し出れば、試用期間中の退職が可能であると定められている。

試用期間後の本採用拒否
試用期間後に、試用期間中の従業員の採用を使用者が拒否すること。本採用拒否は解雇にあたり、通常の解雇の場合よりも広い範囲の解雇事由が認められる。ただし、客観的かつ合理的な理由が必要となる。なお、試用期間中の従業員は、労働契約上「解約権が留保された本採用契約」関係であるため、試用期間終了時に使用者から意思表示

がないときは、自動的に正式採用となる。

就業規則
事業所単位で使用者が、事業を効率的に運営していくため、労働者の労働条件、職務上の規律、退職などについて統一的に管理するために定めた規則類の総称。

就業規則の作成・届け出
事業所単位で常時10人以上の労働者（パートなどを含む、時として10人未満になってもよい）を使用する使用者は、就業規則を作成して遅滞なく労働基準監督署に届け出なければならない。就業規則の内容を変更した場合も、届け出の義務が生じる。

就業規則の記載事項
就業規則に記載が義務付けられている項目。労働時間、休日、賃金、退職に関することなどの「必ず記載しなければならない事項=絶対的必要記載事項」と、退職手当、臨時の賃金、食費・作業用品その他の負担、安全・衛生、職業訓練、災害補償および業務外の傷病扶助、表彰および制裁などの「制度がある場合には必ず記載しなければならない事項=相対的必要記載事項」、就業規則の制定の趣旨や精神を宣言した事項などの「就業規則の作成者の自由意志による事項=任意的記載事項」がある。

就業規則の周知義務
労働者に就業規則を周知するための措置を講じなくてはならない使用者の義務。労働基準法第106条第1項の「使用者は就業規則を常時見やすい場所に掲示し、または備えつけるなどの方法によって、労働者に周知しなければならない」により、定められている。

別個の就業規則
パートタイム労働者などにのみ適用となる就業規則。就業規則は原則として、その事業所に使用されるすべての労働者に適用されなければならないが、パートタイム労働者などにのみ適用される別の就業規則を作成することは認められている。ただし、労働基準法第3条（均等待遇）違反となる就業規則（女性、外国人対象のもの）は認められない。

労働者の意見聴取義務
就業規則の作成・変更について使用者が、労働者の過半数からなる労働組合（ない場合は労働者の過半数の代表者）の意見を聴かなければならないとする義務。聴き取りの際には、意見を聴いた証拠となる意見書が必要となるが、あくまでも意見を聴いたことの書面であり、労働者の同意は必要としない。

育児休業の記載
育児・介護休業法に基づく育児休業についての記載義務。労働基準法第89条第1号の「休暇」により、定められている。

損害賠償の記載
相対的必要記載事項である損害賠償に係る規定を、定めがある場合に就業規則に記載

する義務。「労働者の過失により社有車を故障させた場合は一律10万円の賠償金を支払わなければならない」など、あらかじめ金額を定めることは労働基準法で禁止されているが、実際の損害額（修理にかかった実費など）を請求することは可能。

就業規則の効力
法令や労働協約に反する就業規則には効力がない。労働基準法第92条第1項により、「就業規則が法令や労働協約に反してはならない」ことを定めている。このように、法令・労働協約は就業規則より優先し、就業規則が法令・労働協約に反する場合には行政官庁は変更を命じることができる。

■退職・解雇関連

退職
労働者が使用者に対して行う、労働契約解約の意思表示。退職の申し出は、民法の規定によると、原則として2週間以上前に申し出ればよいことになっている。ただし、完全月給制を採る会社では、賃金支払期間の前半に申し出た場合は、その期間の満了まで、後半に申し出た場合は、次の支払期間の満了まで退職できない（民法627条）。なお、期間の定めのある労働契約（1年を超えるものに限る）を締結した労働者（専門的知識などを有する労働者および満60歳以上の労働者を除く）は、当分の間、労働契約の期間の初日から1年を経過した日以後に、使用者に申し出ることで、いつでも退職できる。

合意退職
労働者と使用者との合意による労働契約の解約。労働者の一方的な通告によるものや無断退職は該当しない。基本的には口頭による意思表明も効力を持つが、通常は退職願を提出し、それに記載された退職日について使用者の承諾があって初めて退職となる。

退職願・退職届
退職の承諾を使用者に願い出る書面は「退職願」と呼ばれる。使用者がこれを承認した時点で正式に退職の申し出となる。使用者が「退職願」を承認する前であれば撤回も可能。「退職届」は、労働者が使用者に対して一方的に退職を通告することを意味する。これが受理された時点で退職の申し出となり、使用者の同意がなければ撤回できない。

懲戒解雇事由の錯誤
懲戒解雇事由が存在しないのに懲戒解雇になると信じて提出した退職願は、その意思表示に要素の錯誤があるとして無効になる。民法第95条により定められている。

退職勧奨
使用者側から、労働契約の合意解約の申込みなどにより退職を誘引すること。退職するかは、あくまでも労働者自身が判断する。

退職における強迫・錯誤
懲戒処分をちらつかせ、退職願を提出させる行為。これは労働者を畏怖させる強迫行為

であり、これによる退職の意思表明は取り消すことができる。

退職における心裡留保
退職する意思がないのに会社を困らせようと退職願を出す行為。真意でなくても、退職の意思表示は原則有効だが、使用者が真意を知っていた場合は無効となる。

退職時の証明・退職証明書
退職する労働者から、再就職活動に必要な証明を請求されたときに交付する証明書。労働基準法第22条第1項により、使用者には、遅滞なく退職時の証明・退職証明書を交付する義務を課している（懲戒解雇の場合も同様)。退職時の証明・退職証明書に記載する事項は、(1) 使用期間、(2) 業務の種類、(3) その事業における地位、(4) 賃金、(5) 退職の事由（退職の事由が解雇のときはその理由も含む）の5項目であり、労働者の請求しない事項を記入してはならない。

定年制（定年退職）
労働協約または就業規則において、「満65歳に達した日の翌日に退職する」「満65歳に達した日に属する年の末日に退職する」などと、一定年齢で退職することを定めたもの。労働者は、所定の年齢に達したとき、自動的に労働契約が終了する。

早期退職制度
希望退職制度の一手法で、退職金などを優遇する代わりに、定年前に退職を促す制度。企業の人員削減の手段として、早期退職希望者を一時的に募集する場合と、世代間の人員バランスの均衡を図るため継続的に早期退職希望者を募集し、積極的な転職支援をする場合の2つがある。

競業避止義務
所属する企業と競合する会社・組織に就職したり、競合する会社を自ら設立したりするなどの競業行為を労働者に禁じる義務。一般に在職中は、労働契約における信義誠実の原則に基づく「付随的義務」として競業避止義務を負うとされる。しかし退職後は、職業選択の自由の観点から競業禁止義務は生じないとされ、使用者が退職後の労働者にこれを課す場合、就業規則などに必要かつ合理的な範囲で法的根拠を明示する必要がある。

競業避止義務違反に関する判断要素
競業避止義務違反に関する判断基準。具体的には、(1) 競業が禁止される期間、(2) 競業が禁止される職種および場所的範囲、(3) 競業行為の手段および顕著な背信性の有無、(4) 使用者が被る損失の程度、(5) 代償の有無、などが判断の要素とされる。

秘密保持義務
職務中あるいは勤務先企業において知り得た秘密を他に漏洩してはならないとする労働者の義務。秘密とは正当な保護に値する秘密でなければならないとされ、少なくとも (1) 企業が秘密として管理・取扱をしている、(2) 秘密としての重要性・価値がある、(3)

公然のものとなっていない、という要件を満たさなくてはならない。

退職金
退職時に使用者が労働者に対して支払う慰労金的位置付けの一時金。労働基準法では、退職金について特別な定めをしていない。退職金が使用者の裁量にゆだねられる恩恵的な給付の場合、法的には贈与に過ぎないため労働者から支給を請求できない。しかし、労働協約、労働契約、慣行などで支給要件が明確に定められている場合、労働基準法上の「賃金」の一部として退職金を請求できる。

退職金の支払い方法と時期
就業規則による退職手当制度の定めに基づく退職金支払いの取り決め。労働基準法第23条第1項によれば、「権利者の請求があった場合においては、7日以内に退職金を支払う」とされている。ただし、就業規則などで退職金の支払い時期を定めた場合、その規定による。

解雇
使用者が将来に向かって、一方的に労働者との労働契約を解約すること。解雇には、当該労働者の同意は不要であり、「普通解雇（整理解雇を含む）」と「懲戒解雇」がある。解雇については法令と判例によって制限が設けられている。

解雇制限
労働基準法第19条で定められている、いかなる解雇事由が生じても解雇を制限し、労働者の身分の安定を図り、解雇後の就業活動においても支障をきたすことのないように保護する制限。具体的には、(1)「業務上の傷病による療養のため休業している期間とその後30日間、(2) 産前産後休業（産前6週間・産後8週間）とその後30日間については、解雇できない。ただし、(1) の場合において、休業する期間が療養の開始後3年を超えても傷病が治癒しない場合で「平均賃金の1,200日分の打切補償を支払う場合」「療養の開始後3年を経過した日に労災保険の傷病補償年金を受けている場合または同日後において傷病補償年金を受けることになった場合」のいずれかに該当すれば、解雇制限が解除されて解雇できる。

解雇制限の解除
「天災事変その他やむを得ない事由のために事業の継続が不可能となった場合」に、所轄労働基準監督署長の認定を受けることで例外的に解雇制限が解除されること。「やむを得ない事由」とは、天災に準じる程度の不可抗力に基づき、かつ突発的で、使用者が通常いかんともしがたい状況を指す。ただし、経営判断の誤りによる場合などは該当しない。

解雇予告
使用者側が労働者を解雇するときに出す予告。少なくとも30日前に予告しなければならず、30日前に予告しない場合、使用者側は30日分以上の平均賃金（解雇予告手当）を支払わなければならない。

解雇予告除外認定
予告手当を支払わず労働者を即時に解雇するために、労働基準監督署から受ける認定。解雇予告除外認定を受ける要件は、「天災事変その他やむを得ない事由のために事業の存続が不可能となった場合」または「労働者の責に帰すべき事由（①盗取、横領、傷害等刑法犯等の行為、②賭博、風紀紊乱などにより職場規律を乱す、③採用時の経歴を詐称、④他の事業場への転職、⑤2週間以上の無断欠勤、⑥複数回の欠勤を注意しても改めない、など）」である。

解雇予告の特例
労働基準法第21条で定められた解雇予告除外認定の特例。具体的には、「1ヶ月未満の日々雇い入れられる者（民事上の予告義務もない）」「2ヶ月以内の期間を定め使用されるものでその期間を超えない者（民法628条及び労働契約法17条による中途解約の民事責任は残る）」「季節業務に4ヶ月以内の期間を定め使用されるものでその期間を超えない者（同上、民法628条）」「14日以内の試用期間中の者（民法第627条の規定により、期間の定めのない雇用契約であれば民事上、使用者は2週間前に予告をしなければならない）」に該当する労働者には適用されない。ただし、適用除外は解雇予告義務違反による刑事責任を免除されるだけで、民事上の責任（民法627条、628条、労働契約法による中途解雇制限）が免除されるわけではない。

解雇予告手当
使用者側が労働者を解雇するとき、30日前に予告しないときに会社側が支払う手当。解雇予告手当は、労働基準法第11条による「労働の対価」たる「賃金」ではないため、基本的には、直接払い、通貨払いの原則は適用されない。

解雇理由証明書
使用者から解雇を予告されたとき、解雇予告日から退職日までの間に労働者が請求する、解雇理由を記載した証明書。解雇理由証明書を請求されたら、使用者は遅滞なく解雇理由証明書を交付しなければならない。

整理解雇
使用者が事業を継続することが困難となった場合、あるいは将来の経営状況が明らかに逼迫することが予想される場合などに、使用者が事業の継続を図るため余剰人員の削減（リストラ）を行う。使用者からの労働契約の解除。

整理解雇の四要件
会社の経営上の理由により行う解雇である整理解雇を行うための要件。「（1）人員削減の必要性」「（2）解雇回避の努力義務の履行」「（3）解雇対象者の人選の合理性」「（4）労働者へ説明・協議」という「整理解雇の四要件」を満たしていないと、解雇権の濫用とされ認められない可能性がある。

性や国籍による差別の禁止
既婚している女性であること、または外国人であることを整理解雇基準とすることは禁止

されている。解雇対象者の選定に合理性がなく、憲法第14条、労働基準法第3条違反となり、差別的取り扱いに該当するため、性や国籍による差別は認められない。

懲戒解雇

企業秩序違反行為（非行）に対する制裁罰としての解雇。懲戒解雇の対象となる労働者は、「（1）即時解雇」「（2）退職金の全額または一部不支給」「（3）再就職への支障」といった不利益を被ることになる。

即時解雇

懲戒解雇などで一般的な即日の解雇のこと。即時解雇では、労働基準法第20条で定める解雇予告手当を不支給にするため、「労働者の責めに帰すべき事由」について労働基準監督署の認定を受けなければならず、認定を受けないと予告手当を支払う義務が生じる。

懲戒解雇時の退職金

懲戒解雇処分を受けた労働者に対する退職金。企業は就業規則や労働協約などで、懲戒解雇処分を受けた労働者に対して退職金不支給や減額の定めをしていることが多く、一般的に退職金は全額または一部が支払われない。懲戒処分により退職金不支給とするには、その旨の規定を就業規則に設けておく必要がある。

解雇権の濫用

妥当性に欠く解雇のこと。解雇権濫用法理では「解雇は、客観的に合理的な理由を欠き、社会通念上相当であると認められない場合は、その権利を濫用したものとして、これを無効とする」と定めている。

休職制度

就業規則や労働協約に盛り込まれた「休職」の規定。一般に、従業員を労務に従事させることが困難（あるいは不適当）と判断した場合、労働契約を維持した状態で、一定期間労務に従事しないこととする制度を指す。

休職と休業

いずれも自分都合で会社を長期的に休むこと。両者の違いは、休職には法律上の定めがないのに対して、休業には取得する権利が法律で定められていることにある。主な休業には「産前産後休業」「育児休業」「介護休業」があり、それぞれ労働基準法、育児介護休業法で規定されている。

私傷病休職

業務外で生じたケガや病気などが理由で仕事ができない従業員に、会社に在籍したままで一定期間の休職を許可すること。私傷病休職中の賃金については、就業規則や労働協約などで一定の賃金を保障している場合を除き、法律上の支払義務はない。企業として労働者の健康状態に問題があると考える場合には、「（1）就労に支障がない旨の診断書の提出を求め」「（2）労働者がこれに応じない場合には警告を発し」「（3）会社が就

労を強制しているわけではないこと、健康状態に不安を感じているなら何時でも申し出ることができることを確認し」「(4) 場合によっては会社から就労をただちに中止すべきことを通知し」「(5) 最終的には就労を拒否する」などの措置を取ることになる。

起訴休職

従業員が刑事事件において起訴された場合に会社が休職を命じる制度。勤務可能な場合は、単に起訴されたという理由だけでなく、出勤することが企業の信用失墜につながるという判断があってはじめて、休職を命ずることができる。一般に、「(1) 企業の対外的信用の維持」「(2) 企業の対内的な職場秩序の維持」「(3) 不安定な労務提供に対処して業務に支障が生じるのを防止する」のいずれか1つの要件が必要となる。

雇用保険

従業員の雇用の安定や促進を目的として作られた公的な保険制度。雇用保険には様々な給付制度があり、失業した際に一定期間給付金を受け取ることができる「基本手当(失業給付)」がよく知られている。その他にも、「教育訓練給付」「高年齢雇用継続基本給付」「育児休業給付」「介護休業給付」などがある。

雇用保険の加入条件

会社や個人事業所の区別なく、労働者を1人でも雇用する事業所は原則として雇用保険の適用事業所となる。雇用保険の適用事業所は、そこで働くすべての一般社員は雇用保険への加入が義務付けられる(一定要件を満たす農林水産業は例外)。非正規従業員が雇用保険の一般被保険者となるには、「(1) 一週間の所定労働時間が20時間以上」「(2) 31日以上継続して雇用される見込みがある」といった条件を満たす必要がある。

雇用保険の被保険者

「(1) 一般被保険者:フルタイムで働く一般社員や、勤務日数・時間が一定水準を超える派遣社員やパートタイマーなどの非正規労働者」「(2) 高年齢継続被保険者:一般被保険者のうち、65歳以上の者」「(3) 日雇労働被保険者:日雇い労働者。雇用保険における日雇い労働者とは、雇用期間の定めがなく日ごとに単発の仕事をしている人や、または雇用期間が30日以内の人」「(4) 短期雇用特例被保険者:季節的労働者。雇用契約期間が1年未満で、かつ、仕事の内容が季節の影響を強く受けるもので特定の季節のみ雇用される人」のいずれかを指す。

付録2　人事年間スケジュール

*会社によってスケジュールは異なるため、あくまで参考例。

		2017						2018			
		7月	8月	9月	10月	11月	12月	1月	2月	3月	4月
採用	学生動向	期末テスト	●夏休み		後期開始			期末テスト	●春休み		前期開始
								インターン参加&企業研究			
								業界研究セミナー予約・参加			
									就活セミナー予約・参加		
										気になる企業に	
								<自己分析> 自分の適性と希望する キャリアについてまとめる		<業界研究> 理想の業界・企業を 絞り込む	
	人事の動き			採用計画 ・求める人物像の策定 ・採用職種の決定 ・学生向け企業情報の作成 ・募集情報の作成 ・説明会および選考方法の検討 ・各採用活動の人員手配　…etc							
		夏インターンシップ		秋インターンシップ			冬インターンシップ			●採用広報活動開始	
				採用ツール制作/メディア選定				プレコンテンツ		ナビサイトオープン	
										プレエントリー	
										個別セミナー・会社説明会①	
										合同セミナー・学内セミナー	
	企業動向							外資系企業・ベンチャー企業など 一部企業の採用選考開始			
							インターン・リクルーターの活動			ナビオープン・説明会開始	
育成・配置								内定者研修			新人社員研修
									配置・異動調整		
											●人事異動発令
評価・報酬											人事評価の準備

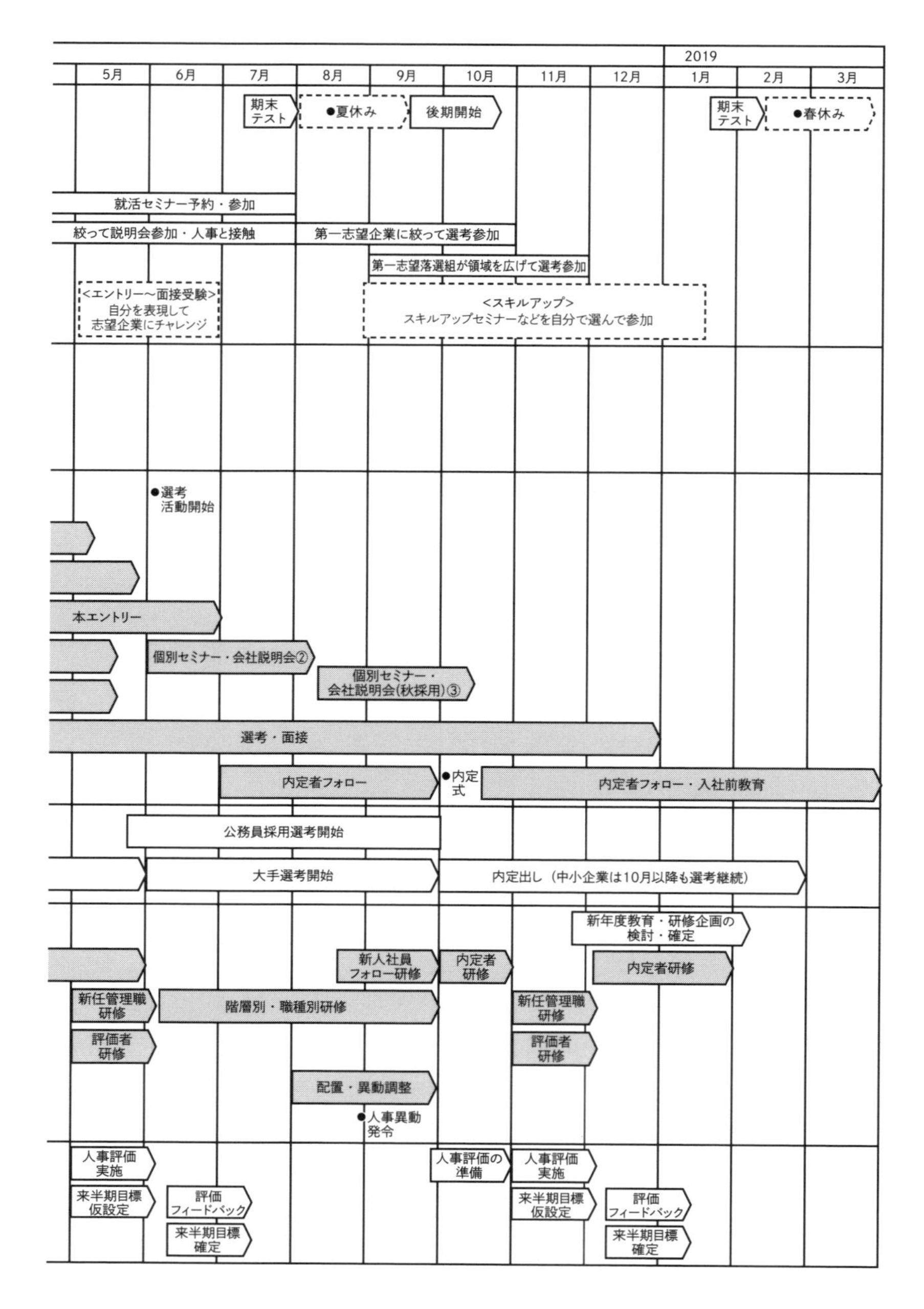

2019
5月
6月
7月
8月
9月
10月
11月
12月
1月
2月
3月
期末テスト
●夏休み
後期開始
期末テスト
●春休み
就活セミナー予約・参加
絞って説明会参加・人事と接触
第一志望企業に絞って選考参加
第一志望落選組が領域を広げて選考参加
<エントリー～面接受験>
自分を表現して
志望企業にチャレンジ
<スキルアップ>
スキルアップセミナーなどを自分で選んで参加
●選考活動開始
本エントリー
個別セミナー・会社説明会②
個別セミナー・会社説明会(秋採用)③
選考・面接
内定者フォロー
●内定式
内定者フォロー・入社前教育
公務員採用選考開始
大手選考開始
内定出し（中小企業は10月以降も選考継続）
新年度教育・研修企画の検討・確定
新人社員フォロー研修
内定者研修
内定者研修
新任管理職研修
階層別・職種別研修
新任管理職研修
評価者研修
評価者研修
配置・異動調整
●人事異動発令
人事評価実施
人事評価の準備
人事評価実施
来半期目標仮設定
評価フィードバック
来半期目標仮設定
評価フィードバック
来半期目標確定
来半期目標確定